Almuth Scholz

Conifères et arbustes nains

pour balcons et terrasses

Pour créer un décor agréable
en toute saison grâce aux
feuillus et aux conifères décoratifs

Photos : Friedrich Strauß
et autres photographes spécialisés

Illustrations : Marlene Gemke

Collection dirigée
par Patrick Mioulane

HACHETTE

Beautés des quatre saisons

Bien aménagés et plantés avec discernement, balcons et terrasses peuvent se transformer en oasis de verdure. De belles potées accueillant des arbres nains sont en toute saison un régal pour l'œil. Des feuilles toujours vertes, des fleurs éclatantes et des fruits multicolores ne sont pas seulement agréables à regarder, ils offrent aussi abri et nourriture à de nombreux oiseaux.
Ce guide vous présente les plus belles espèces naines, parmi lesquelles des nouveautés et des variétés rares, dont vous découvrirez au fil des pages la diversité des formes et des couleurs. Vous y trouverez tous les conseils des professionnels pour bien choisir espèces et contenants, mais également des exemples originaux d'arrangements de plantes, qui satisferont tout autant vos désirs que les besoins des végétaux. Dessins, tableaux et textes sont là pour vous aider à chaque étape de l'aménagement de votre balcon ou de votre terrasse. Que vous soyez néophyte ou déjà plus expérimenté, vous pourrez ainsi cultiver, multiplier, protéger vos plantes et créer des compositions qui vous ressemblent.
À présent, à vous de planter le décor…

SOMMAIRE

Balconnière de campanules et arbustes nains.

Fleurs de lavande.

Papillon sur un buddleia.

Important : pour que votre plaisir de jardiner demeure, lisez très attentivement l'avertissement page 61.

Pages d'ouverture : un balcon avec rosiers et buis taillés agrémentés de fleurs vivaces.

Un jardin au balcon

Les arbres nains font une décoration élégante pour les balcons et les terrasses, qu'ils peuvent animer tout au long de l'année. Dans les pages suivantes, vous trouverez des conseils pour bien choisir plantes et récipients, ainsi que des idées pratiques pour préparer les mélanges de terre.

Ci-dessus : les chatons du saule apparaissent dès la fin janvier.
À gauche : sur ce balcon ensoleillé, cerisier décoratif, saule et tulipes promettent toute la splendeur du printemps.

Une oasis de verdure

À notre époque où le prix du terrain ne cesse d'augmenter, le rêve de posséder son propre jardin devient presque un luxe. Aussi n'est-il pas étonnant que balcons et terrasses prennent de plus en plus d'importance. Il est facile d'y concrétiser sans trop de frais le rêve d'accueillir un peu de nature dans la maison.

Comparé aux plantations traditionnelles de géraniums et de fleurs d'été, un balcon avec des arbres et des arbustes nains offre bien plus de possibilités décoratives – ce que l'on ignore souvent. Il suffit de quelques plantes pour créer des ambiances pittoresques qui imitent la nature. La floraison n'atteindra certes pas la générosité d'une plantation de géraniums ou de pétunias, mais vous en serez payé de retour par une présence végétale toute l'année.

Les arbres nains ne se contentent pas en effet d'être beaux à l'époque de la floraison. Leurs couleurs se modifient en automne et ils portent souvent de jolis fruits. En outre, de nombreux petits êtres vivants vont s'installer à demeure. Papillons, coccinelles ou chrysopes – insectes utiles – viendront y trouver refuge. Les oiseaux se délecteront quant à eux avec les baies des arbustes plantés. Ainsi, vous aurez créé un petit paradis pour votre plaisir et votre détente, tout en offrant à bon nombre d'espèces animales des chances de survie. Balcons et terrasses plantés d'espèces variées sont de véritables oasis dans le monde artificiel de la ville.

Une plantation permanente

Que signifie le concept de plantation permanente ?

La plupart des végétaux utilisés sur les balcons – géraniums, pétunias ou calcéolaires – ne résistent pas à l'hiver. Ils ne peuvent être mis en terre avant les fameux saints de glace, aux environs de la mi-mai. Dès les premières gelées, à la mi-octobre, leur floraison est finie. Certaines espèces, comme les géraniums ou les fuchsias, peuvent passer l'hiver dans des pièces à l'abri du froid ou être multipliées par boutures. Mais on les considère le plus souvent comme des plantes annuelles qu'il faut renouveler chaque année. Si vos balcons et terrasses sont de grande taille, cela revient plutôt cher.

La plantation permanente offre une alternative intéressante. Les plantes peuvent vivre plusieurs années, voire des décennies. Parmi la foule des arbres et des arbustes qui résistent au froid, de nombreuses espèces conviennent pour la plantation en récipients mobiles *(voir tableaux pp. 14 et 18)*. Si vous choisissez des végétaux de petite taille à croissance lente, les soins de culture resteront raisonnables. Cela compensera largement le prix d'achat souvent un peu plus élevé.

Le bon emplacement

Avant d'entreprendre la création de votre oasis de verdure, évaluez les points suivants :

- Examinez les conditions d'éclairement à l'emplacement prévu et choisissez vos plantes en fonction de leurs besoins en lumière *(voir tableaux pp. 14 et 18).*
- Un balcon de petite taille ou une loggia ne permet pas de mettre en place de nombreux pots. Vous n'aurez sans doute pas d'autre solution que d'accrocher des jardinières sur la rambarde *(voir p. 22)*. Mais que cela ne vous empêche pas d'imaginer des arrangements originaux avec des arbres nains.

Un coin détente parmi les arbustes et les fleurs. On reconnaît un Prunus, *les lianes d'un chèvrefeuille, un pêcher nain, des tulipes et des fritillaires.*

• Si vous avez une maison individuelle, la terrasse au niveau du sol (rez-de-jardin) offre davantage de possibilités d'arrangements : vous pouvez installer des récipients variés de toutes dimensions, ou même des jardinières de grande taille que vous laisserez à demeure. Veillez toutefois à l'harmonie de la transition entre la terrasse et le jardin : les arbres en bac doivent s'intégrer au reste des plantations.

• Sur les toits en terrasse, on peut aussi combiner les plantes de manière originale. Il y a souvent des jardinières et des bacs préinstallés qui conviennent parfaitement aux plantations permanentes d'arbres nains et d'arbustes. Tout est alors affaire de créativité. En la matière, n'hésitez pas à expérimenter afin de personnaliser au mieux votre décor.

Important : si vous êtes locataire, prévenez d'abord le propriétaire de votre intention d'installer des bacs et des treillages. Respectez les capacités du balcon sur le plan de la résistance au poids *(voir p. 10-11)*.

Toute plantation permanente a pour éléments de base des arbres nains, persistants ou caducs, et des plantes vivaces à croissance lente. Les arbres nains ont une croissance lente et n'atteignent leur taille définitive qu'au bout d'une vingtaine d'années. Nombre d'entre eux sont des plantes de montagne ou des espèces provenant des steppes arides. Du fait de conditions climatiques particulières, par exemple un fort ensoleillement, beaucoup de vent, peu d'eau et d'éléments nutritifs, ils développent ces silhouettes si particulières. Ils vont se retrouver dans un environnement similaire sur le balcon, ce qui les rend si utiles. Des plantes de forêt qui poussent sous les futaies peuvent aussi être amenées à prendre une forme naine sous la pression de la concurrence des grands arbres. À cette diversité des origines répondent des exigences de sol et d'exposition différentes. Les jardiniers sont intervenus dans la multiplication des espèces naines. Certaines propriétés, comme l'abondance de la floraison, l'originalité des coloris, l'aspect particulièrement décoratif des feuilles et des fruits, ont été développées et améliorées par les techniques et la sélection horticoles.

Les feuillus

(illustration 1)

Il existe des feuillus persistants et d'autres caducs. Les premiers conservent leur feuillage en hiver, avec souvent des tons décoratifs. Les seconds perdent leurs feuilles en automne ou en hiver, mais revêtent généralement de brillantes couleurs automnales. Il existe aussi des variétés qui portent toute l'année des feuilles rouges ou panachées, dont la forme suffit à rendre le sujet original. En outre, mis à part quelques espèces, la plupart des feuillus épanouissent une floraison superbe dans les coloris et les formes les plus variés. Fruits multicolores, branches aux formes bizarres, écorces colorées représentent un attrait supplémentaire en hiver.

On différencie aussi les feuillus par leur port : certains forment un buisson évasé comme l'hortensia arbustif (*Hydrangea* hybride), les arbustes développent plusieurs tiges à partir d'une souche unique, les arbres un tronc bien dégagé.

1. *Port des feuillus. De gauche à droite : arbre avec son tronc bien dégagé ; arbuste à port étalé ; arbuste buissonnant aux tiges multiples.*

2. *Port des conifères. De gauche à droite : colonnaire ou fastigié (if d'Irlande) ; en fuseau ou pyramidal (cèdre de l'Atlas ou pins) ; en boule.*

Les conifères

(illustration 2)

Selon l'espèce, ils portent des aiguilles, ou des écailles comme les cyprès et les thuyas. À l'exception du mélèze, du cyprès chauve et du métaséquoia, les conifères sont tous persistants. Leur valeur décorative tient à la diversité des formes et aux coloris de leur feuillage – de jaune à bleu-vert en passant par toutes les nuances de vert. Leurs ports sont également intéressants. Certaines espèces poussent naturellement en colonne, comme l'if (*Taxus baccata* 'Fastigiata'), d'autres en fuseau comme *Thuja occidentalis* 'Smaragd', d'autres encore en boule comme le faux cyprès nain (*Chamaecyparis pisifera* 'Filifera Aurea Nana'). De nombreux conifères, tels le genévrier rampant (*Juniperus chinensis* 'Plumosa Aurea'), les *Thuja occidentalis* et les cryptomérias, prennent des couleurs cuivrées en hiver.

Rampants et pleureurs

(illustration 3)

Chez les feuillus et les conifères, il existe des formes rampantes et pleureuses comme le lierre (*Hedera helix*), l'if nain (*Taxus baccata* 'Repandens') et les genévriers. Ces plantes sont utiles pour combler les trous dans les plantations permanentes et couvrir les parois des bacs. Certaines d'entre elles, tel le lierre, peuvent aussi grimper.

Les plantes vivaces

(illustration 4)

Les arbres et arbustes à feuilles caduques permettent d'observer la ronde des saisons. À l'automne, de nombreuses espèces se parent de feuilles et de fruits colorés avant d'exhiber leurs rameaux dénudés jusqu'au printemps *(illustration 4, à gauche)*. Les persistants *(illustration 4, à droite)* donnent toute l'année une touche de couleur au balcon.

3. *Port rampant ou pleureur.*

À la différence des arbres, la plupart des plantes vivaces voient leurs parties aériennes mourir en hiver *(illustration 4, au centre)*. Laissez les branches desséchées en place jusqu'au printemps. Elles sont très décoratives sous le givre ou la neige. Les plantes vivaces forment de nouvelles pousses au printemps à partir de leurs organes souterrains. Il existe aussi parmi ces végétaux des espèces persistantes qui se lignifient. On les appelle souvent sous-arbrisseaux. C'est le cas de nombreuses espèces d'hélianthème (*Helianthemum* hybride). Avec leurs couleurs vives, les sous-arbrisseaux complètent merveilleusement les plantations plus élevées. Les bruyères et de nombreuses plantes condimentaires ou odorantes en font partie, telles la lavande (*Lavandula officinalis*) et la sauge (*Salvia officinalis*).

4. *À gauche, un arbuste à feuillage caduc. Au centre, une plante vivace. À droite, un persistant, immuable au fil des saisons.*

À l'époque où les azalées et les camélias fleurissent, ce balcon étincelle en rose et rouge.

Planifier les plantations

Les besoins des plantes influenceront nécessairement votre choix. Ils varient selon les espèces et les variétés. Vous trouverez des renseignements sur ce sujet dans les tableaux des pages 14-15 et 18-19. Mais la plantation permanente de votre balcon ou de votre terrasse doit aussi répondre à une double exigence :

- procurer aux habitants de la maison et aux visiteurs une atmosphère agréable ;
- améliorer l'aspect visuel général de la maison.

Choisissez vos pots et déterminez leur aménagement en respectant ce double point de vue *(voir pp. 28-29).*
Les arbres nains peuvent également permettre de diviser l'espace ou de le protéger des regards indiscrets, du soleil, du vent ou du bruit *(voir pp. 29 et 37).*
Avant de faire votre choix, réfléchissez bien au temps que vous souhaitez consacrer à vos cultures, et pensez aussi à la période des vacances *(voir p. 47).*

Questions de droit

Si vous êtes locataire, n'engagez aucun travail qui modifie l'aspect extérieur du balcon ou de la terrasse sans l'accord du propriétaire. Les récipients de grande taille pèsent un poids considérable et peuvent occasionner des dégâts. Renseignez-vous avant tous travaux sur les capacités de résistance des matériaux de votre balcon, de votre toit-terrasse ou de votre balustrade. Le poids maximal qu'un balcon peut supporter est en général de 250 à 300 kg par mètre carré.

Ménagez votre bourse

Les arbres nains ne sont pas bon marché, mais ils ont une longue durée de vie. Veillez à leur qualité, car passer sa vie en pot ou en bac met la santé et la résistance d'une plante à rude épreuve. Achetez des sujets jeunes, ils sont moins chers et s'adaptent mieux, et sachez vous montrer patient : votre plantation permanente ne sera pas au point en une seule année ; complétez-la avec des fleurs d'été annuelles qui apporteront à peu de frais de la couleur et du volume *(voir p. 27)*.

Les supports de culture

On appelle supports de culture les substrats dans lesquels les plantes vont devoir vivre et pousser le plus longtemps possible. Les qualités d'un bon support sont :

- sa perméabilité à l'air et à l'eau ;
- ses capacités à retenir l'eau ;
- sa bonne teneur en éléments nutritifs ;
- la stabilité de sa structure ;
- la stabilité de son pH.

Le pH renseigne sur l'acidité ou l'alcalinité du sol. Il se mesure à l'aide de papiers enduits d'un réactif coloré que l'on trouve dans le commerce.

Voici deux mélanges de terre qui remplissent les conditions ci-dessus et que vous pouvez aisément réaliser vous-même :

- Mélange 1 : il doit avoir un pH compris entre 6,5 et 7. Mélangez un quart de sable grossier et de matériau d'aération comme l'argile expansée avec un quart de terreau d'écorces, un quart de compost de votre jardin ou du commerce et un quart de terre de jardin ou de taupinière. Pour les plantes qui aiment le calcaire, ajoutez 1 poignée de chaux pour 10 litres de terre. Pour les plantes qui montrent de grandes exigences nutritives, ajoutez 2 cuillerées à soupe d'engrais retard *(voir pp. 48-49)*.

Conseil : ajoutez un peu de tourbe au substrat pour l'acidifier si la terre de jardin utilisée est très calcaire.

- Mélange 2 : il est recommandé pour les espèces calcifuges. Celles-ci ont besoin d'un sol acide au pH compris entre 4 et 5. Mélangez par tiers tourbe blonde, terreau forestier et sable de rivière.

Les supports de culture du commerce

Les jardineries et les grandes surfaces proposent une grande quantité de terreaux prêts à l'emploi, qui contiennent le plus souvent un fort taux de tourbe. Or, un bon terreau ne doit pas se composer uniquement de tourbe comme c'est le cas des produits bas de gamme. Il doit être constitué d'un mélange de plusieurs matériaux : tourbe (blonde et brune), écorces compactées, fumier compacté, pouzzolane, terre, etc. Soyez donc vigilant sur la composition.

Important : la plupart des terreaux disponibles dans le commerce sont trop finement tamisés, ce qui les prédispose à se compacter rapidement. Il est souvent souhaitable de leur associer entre 20 et 30 % de sable de rivière grossier pour être assuré d'un bon drainage.

Fleurs de rhododendron.

Des feuillus pour votre balcon

Il existe de nombreux feuillus à croissance lente qui conviennent pour la culture en bacs et jardinières. Ils sont remarquables par leur somptueuse floraison printanière, ou se parent à l'automne de feuilles et de fruits colorés. Certaines espèces persistantes ont toute l'année un feuillage panaché.

L'érable du Japon atteint 8 m de haut dans sa région d'origine. Cultivé en pot, c'est un petit arbre à la personnalité affirmée. La variété à feuilles rouges est souvent conduite en bonsaï.

Fusain (Euonymus phellomanus) *dans sa parure d'automne.*

Cet hortensia présente de petites fleurs fertiles rosées entourées de grandes fleurs stériles blanches.

Fleurs lumineuses du genêt.

Les fleurs jaunes parfumées du mahonia donnent des baies bleu foncé, pruineuses à maturité.

Pour agrémenter au mieux votre balcon ou votre terrasse, associez des espèces de port, de couleurs et de texture différents. Pensez également aux dates de floraison ou aux périodes décoratives de chaque plante. Cela vous permettra de constituer des ensembles harmonieux en toute saison.

Feuillus à croissance lente

Nom	Emplacement	Sol (*cf. p. 11*)	Port, hauteur (cm)	Floraison Fructification	Remarques
Berberis Épine-vinette	○ ◐	M1 S	buisson 50-150	V-VI jaune VII-IX noir, rouge	épineux, rouge en automne, semi *, mellifère
Buddleia alternifolia Buddleia	○	M1 C+	buisson jusqu'à 300	V violet	Tc, P, bouturage
Buxus sempervirens Buis	○ ◐	M1	buisson jusqu'à 120	fleurs peu visibles	*, T, mellifère, bouturage
Calluna vulgaris Bruyère commune	○ ◐	M2 N-, C-	buisson 15-20	VII-X rose, blanc, rouge	*, Tc, mellifère
Caryopteris x *clandonensis* Caryoptéris	○	M1 C+, S	buisson 80-100	VII-X bleu feuillage argenté	mellifère, odorant, T, P, bouturage
Chaenomeles Cognassier du Japon	○	M1 S	buisson 100-150	IV-V rouge IX-XII jaune	épineux, mellifère, fruits comestibles
Cornus canadensis Cornouiller rampant	◐ ●	M2 H, C-	rampant 15-20	VI-VII blanc IX-X rouge	*, feuilles supérieures blanches, drageons
Corylus avellana 'Contorta' Noisetier tortueux	○	M1 N+, H	buisson 200-300	II-III jaune	mellifère, branches aux formes originales
Cotoneaster Cotoneaster	○ ◐	M1 S	rampant 20-30	V-VI blanc VIII-XII rouge	semi *, T, mellifère, marcottage
Cytisus (To) Genêt à balais	○ ◐	M1 C+, N-, S	rampant 10-80	V-VI jaune, pourpre	P, mellifère, écorce verte
Daphne cneorum (To) Bois joli	○ ◐	M1 C+, S	buisson 20	IV-V rose	*, odorant
Deutzia gracilis Deutzia	○ ◐	M1 N+, C+, H	buisson 100	V-VII blanc	T, mellifère
Erica Bruyère	○ ◐	M2	buisson 15-20	II-IV/VII-X blanc, rose, rouge	M1 pour la bruyère d'hiver, Tc
Euonymus alatus (To) Fusain	○ ◐	M1	buisson 150	V-VI blanc IX-X orange, rouge	mellifère, feuilles rouges en automne
Euonymus fortunei Fusain rampant	◐ ●	M1 N+, S	rampant 30-150	fleurs peu visibles	*, certaines espèces panachées
Gaultheria procumbens Gaulthérie	◐ ●	M2 C-	rampant 20	VII-VIII rose X-XII rouge	*, drageons
Genista lydia (To) Genêt lydia	○	M1 C+, N-	buisson 60	V-VI jaune	écorce verte
Hedera helix (To) Lierre	◐ ●	M1 C+, S	grimpant 20-300	ne fleurit qu'après 5 ans	*, espèces panachées également
Hydrangea macrophylla Hortensia	◐	M1 N+, H	buisson 100	VI-VII rose, rouge, bleu	drageons
Hypericum Millepertuis	○ ◐	M1	buisson 15-80	V-X jaune	Tc, P, mellifère
Ilex crenata (To) Houx d'Amérique	○ ◐	M1	buisson 50-200	V blanc IX-XII rouge	*, espèces panachées également
Jasminum nudiflorum Jasmin d'hiver	◐	M1	pleureur 200-300	II-IV jaune	écorce verte, drageons
Kalmia angustifolia 'Rubra' Laurier des montagnes (To)	◐ ●	M2 C-, N-, H	buisson 100	VI-VII rouge	l'un des plus beaux arbustes feuillus *

(To) Plante pouvant être toxique en cas d'ingestion en grande quantité.

Nom	Emplacement	Sol (*cf. p. 11*)	Port, hauteur (cm)	Floraison Fructification	Remarques
Lespedeza thunbergii Lespedeza	○ ◐	M1 S	buisson 150	VII-X rose	drageons, P
Leucothoe walteri Leucothoé	◐ ●	M2 C-, H	buisson 150	IV-V blanc	*, pourpre en hiver
Ligustrum vulgare (To) Troène	◐ ●	M1	buisson 200	VI-VII blanc X-XII noir	mellifère, drageons
Mahonia aquifolium Mahonia	◐ ●	M1 H	buisson 100	III-IV jaune VII-IX noir	*, rouge en hiver, mellifère
Perovskia atriplicifolia Pérovskia	○	M1 N-, C+, S	buisson 80	VII-X bleu	feuillage argenté, plante odorante, Tc, P
Potentilla fruticosa Potentille	○	M1 S	buisson 30-80	V-X jaune	mellifère, T
Prunus x *cistena* Prunellier nain	○	M1 N+	buisson 200	V blanc	feuillage rouge, pousses rouges
Prunus tenella Amandier nain	○	M1 C+	buisson 50-150	IV-V rose	supporte la sécheresse
Prunus triloba Prunier à fleurs	○ ◐	M1 C+	buisson 200	IV-V rose	floraison abondante, peut être conduit en tige
Pyracantha Buisson ardent	○ ●	M1 S	buisson 250	V-VI blanc IX-XII orange	mellifère, *, T, racines profondes
Rhododendron Rhododendron	◐ ●	M2 C-, H	buisson 50-150	IV-VI lilas, rose, rouge, blanc	*, mellifère, ôtez les fleurs fanées
Rhus typhina 'Dissecta' Sumac de Virginie	○ ◐	M1	dressé 300	VI-VII vert VIII-III rouge	rouge en automne, feuillage décoratif
Rosa Rosier nain	○	M1 N+	buisson 50	VI-X nombreux coloris	Tc
Salix caprea 'Pendula' Saule Marsault pleureur	○ ◐	M1 H	tige 150-200	III-IV chatons	mellifère, Tc
Salix hastata 'Wehrhahnii' Saule nain	○	M2 H, C-	buisson 30-100	III-IV chatons	mellifère, très décoratif
Skimmia japonica Skimmia	◐ ●	M2 C-, N+	buisson 50	IV-V blanc X-XII rouge	*, odorant, protégez du soleil en hiver
Spiraea Spirée	○ ◐	M1	buisson 30-80	VII-X rouge, rose, blanc	mellifère, T
Stephanandra tanakae Stéphanandra	○ ◐	M1 S	buisson 50	V-VI jaunâtre	mellifère, T, jaune en automne
Symphoricarpos (To) Symphorine	◐ ●	M1	buisson 50-200	VI-VII rose VII-XII rouge, blanc	certaines variétés *, mellifère
Vaccinium vitis-idaea Airelle rouge	◐	M2 C-, N-	buisson 30	V-VI blanc IX-XII rouge	*, mellifère, fruits comestibles
Viburnum davidii (To) Viorne	◐ ●	M1 H	buisson 100	VI blanc rosé VIII bleu foncé	P, très décoratif
Viburnum opulus 'Nanum' Boule de neige (To)	◐ ●	M1 H	en boule 60	III-IV rose, blanc	pousses rouge orangé, variétés *, parfois odorant
Weigela florida 'Purpurea' Weigelia	○ ◐	M1 S	buisson 50-150	VI-VII/X rouge, rose	feuillage rouge, mellifère, T, bouturage

○ = soleil ◐ = mi-ombre ● = ombre H = humide T = supporte la taille Tc = taille courte S = sec C+ = calcaire C- = acide
P = protection hivernale N+ = riche en éléments nutritifs N- = pauvre en éléments nutritifs * = feuillage persistant

(To) Plante pouvant être toxique en cas d'ingestion en grande quantité.

Sapin de Hemlock nain.

La diversité des conifères

La gamme de conifères à croissance lente est très vaste. Toutes les espèces présentées ici sont persistantes, à l'exception du mélèze, *Larix kaempferi*. Celui-ci, en revanche, prend en automne une couleur dorée juste avant de perdre ses aiguilles.

La silhouette inattendue du mélèze pleureur domine cette composition. Sous cette délicate ombrelle, des genévriers se chargent d'occuper tout l'espace.

Le genévrier rampant s'étale en couvre-sol.

Les arilles de l'if sont décoratives en hiver. Attention, les graines sont toxiques.

Les cônes minuscules du thuya.

Les jolies « chandelles » du pin sylvestre, un arbre robuste qui peut atteindre 2 m en pot.

Les conifères permettent d'innombrables variations : la diversité de leurs verts donne des combinaisons superbes. Leurs branches sont parfois simples et fines, ou au contraire vigoureuses et piquantes. Les pousses de printemps et les fruits d'automne ajoutent souvent une pointe colorée. Il existe des variétés pleureuses ou rampantes, des tons gris bleutés, dorés ou cuivrés, sans oublier les formes panachées.

Sous-arbrisseaux

Nom	Emplacement	Sol *(cf. p. 11)*	Port, hauteur (cm)	Floraison Fructification	Remarques
Dryas octopetala Dryade	○	M1 S	rampant 10	V-VI blanc VII-X plumeux	*, hampes à graines décoratives
Helianthemum hybride Hélianthème	○	M1 C+, S	buisson 15-20	VI-VIII jaune, blanc, rouge	*, Tc
Hyssopus officinalis Hysope	○	M1 S	buisson 50	VI-VIII bleu	plante aromatique, Tc
Iberis sempervirens Thlaspi vivace	○	M1 S	buisson 15-20	III-IV blanc	certaines variétés *, T
Lavandula angustifolia Lavande	○	M1 C+, S	buisson 50-80	VII-IX bleu	*, feuillage argenté, plante odorante, mellifère
Pachysandra terminalis (To) Pachysandra	◐ ●	M1 H	rampant 20	VI, sans intérêt	*, forme des drageons
Salvia officinalis Sauge officinale	○	M1 S	buisson 50	VI-VII bleu	odorant, aromatique, mellifère, T, à semer
Santolina chamaecyparissus Santoline	○	M1 S	buisson 40-50	VI-VII jaune	feuillage argenté, plante odorante, *, P, Tc, à semer
Teuricum chamaedrys Germandrée petit chêne	○ ◐	M1 C+	buisson 20	VII-X rose	mellifère, T
Vinca minor Pervenche	◐ ●	M1 H	rampant 20	III-IV bleu	*, mellifère

Conifères à croissance lente

Abies balsamea 'Nana' Pin balsamique nain	○ ◐	M1 H	en boule 50-80	vert sombre	aiguilles implantées en radiant, pousse lente
Chamaecyparis lawsoniana 'Ellwoodii'	○ ◐	M1 C+	en colonne 200	gris-bleu	pousse lente
Chamaecyparis lawsoniana 'Minima Glauca'	○ ◐	M1 C+	en boule 100	bleu mat	parfois panaché de jaune ; en fuseau avec l'âge
Chamaecyparis obtusa 'Nana Gracilis'	◐	M1 C+	en fuseau 200	vert	pousse lente, protégez du soleil d'hiver
Chamaecyparis pisifera 'Boulevard'	○ ◐	M1 C+	en fuseau 200	bleu acier	robuste, très décoratif
Chamaecyparis pisifera 'Filifera Aurea Nana'	○ ◐	M1 C+	boule aplatie 100-150	vert-jaune	supporte très bien le soleil
Chamaecyparis pisifera 'Filifera Nana'	○ ◐	M1 C+	boule aplatie 100	vert	pointes effilées
Juniperus chinensis 'Blaauw' Genévrier bleu	○ ◐	M1 S	buisson 150-200	gris-bleu	l'un des plus beaux genévriers buissonnants
Juniperus chinensis 'Old Gold' Genévrier jaune	○ ◐	M1 S	en nid 100	jaune doré	pousse lente
Juniperus chinensis 'Plumosa Aurea' Genévrier plumeux	○ ◐	M1 S	buisson 100	jaune doré	couleur bronze en hiver
Juniperus communis 'Repanda' Genévrier rampant	○ ◐	M1 S	en coussin 300	vert argenté	peut atteindre 1,50 m de large

(To) Plante pouvant être toxique en cas d'ingestion en grande quantité.

Nom	Emplacement	Sol (*cf. p. 11*)	Port, hauteur (cm)	Floraison Fructification	Remarques
Juniperus horizontalis 'Glauca' Genévrier bleu nain	○ ◐	M1 S	rampant 30	bleu acier	variété la plus bleue, pousse lente
Juniperus sabina 'Tamariscifolia'	○	M1 C+	buisson 100	vert tendre	atteint plusieurs mètres de large à l'âge adulte
Juniperus squamata 'Blue Carpet' Genévrier bleu rampant	○	M1 S	plat 20-30	gris-bleu	peut atteindre 2 m de large
Juniperus squamata 'Blue Star' Genévrier bleu nain	○	M1 S	demi-sphère 70-80	gris-bleu	convient pour les potées
Microbiota decussata Microbiota	○ ●	M1 S	en nid 20	vert clair	brun cuivré en hiver
Picea abies 'Echiniformis' Épicéa hérisson	○ ◐	M1 N+	hérisson 20-30	vert-jaune	pousse très lente
Picea abies 'Little Gem'	○ ◐	M1 N+, H	boule aplatie 40	vert clair	se creuse en son milieu comme un nid
Picea abies 'Nidiformis'	○ ◐	M1 N+, H	boule aplatie 80-100	vert clair	se creuse en son milieu comme un nid
Picea abies 'Pygmaea'	○ ◐	M1 N+, H	en fuseau 100	vert tendre	la forme naine la plus ancienne
Picea glauca 'Conica' *(albertiana)*	○ ◐	M1 N+, H	en fuseau 100-200	vert tendre	aime l'atmosphère humide
Picea glauca 'Echiniformis'	○ ◐	M1 N+, H	hérisson 50	gris-bleu	pousse très lente
Picea omorika 'Gnom'	○ ◐	M1 C+	en fuseau 150	vert, panaché de blanc	supporte mal l'eau stagnante
Pinus mugo 'Gnom' Pin nain	○	M1 S, N-	en boule 150	vert foncé	très nombreux bourgeons
Pinus mugo 'Mops'	○	M1 S, N-	en boule 150	vert sombre	souvent aussi en forme de dôme
Pinus mugo ssp. *pumilio*	○	M1 S, N-	bas 200	vert sombre	branches coudées
Pinus pumila 'Glauca'	○ ●	M1 S, N-	buisson 200	gris-bleu	fleurs mâles rouges, pousse lente
Pinus sylvestris 'Watereri'	○	M1	en colonne 200	bleu-gris	très robuste, variété très appréciée
Taxus baccata 'Fastigiata' (To) If étalé	○ ●	M1 C+	en colonne 300	vert sombre	taille de mise en forme possible ; variétés jaunes
Taxus baccata 'Repandens' (To) If en coussin	○ ●	M1 C+	basse 40-50	vert sombre	atteint 2 à 3 m
Taxus cuspidata 'Nana' (To) If japonais nain	○ ◐	M1 C+	basse 100	vert mat	atteint 3 m
Thuja occidentalis 'Danica' Thuya nain boule	○ ◐	M1	boule 30-60	vert tendre	belle forme ronde
Thuja occidentalis 'Rheingold' Thuya doré nain	○ ◐	M1 H	fuseau 150	jaune doré	couleur cuivrée en hiver, pousse lente
Tsuga canadensis 'Jeddeloh' Sapin de Hemlock	○ ◐	M1 H	demi-sphère 25	vert tendre	se creuse en son milieu comme un nid

○ = soleil ◐ = mi-ombre ● = ombre H = humide T = supporte la taille Tc = taille courte S = sec C+ = calcaire C- = acide
P = protection hivernale N+ = riche en éléments nutritifs N- = pauvre en éléments nutritifs * = feuillage persistant

(To) Plante pouvant être toxique en cas d'ingestion en grande quantité.

Des plantes pour les passionnés

Il existe des arbustes que l'on pourrait qualifier de « plantes de collectionneur ». On ne les trouve pas toujours aisément, ils sont parfois un plus peu chers et demandent des soins particuliers. Plantés en bacs, ils doivent hiverner à l'abri. Ils se déclinent en nombreuses espèces très décoratives. Les arbustes suivants illumineront les jours gris de l'hiver ou du début du printemps :

- callicarpa (*Callicarpa bodinieri*) : baies violettes, X-XII ;
- arbre à perruque rouge (*Cotinus coggyria* 'Royal Purple') : hampes à fruits plumeuses, IX-XII (pour les grandes jardinières seulement) ;
- hamamélis (*Hamamelis japonica*) : fleurs jaunes ou rouges, XII-II ;
- andromède (*Pieris japonica*) : clochettes blanches, II-III, pousses rougeâtres ;
- corylopsis (*Corylopsis pauciflora*) : fleurs jaunes, III-IV ;
- forsythia nain (*Forsythia ovata* 'Minigold') : fleurs jaunes, III-IV.

Les arbres miniatures

Ils poussent très lentement et restent en bac des années si on leur apporte peu de nourriture. Ils sont particulièrement décoratifs en isolé. Préférez les espèces suivantes :

- érable vert (*Acer palmatum* 'Dissectum') : rouge en automne, feuillage décoratif ;
- érable rouge (*Acer palmatum* 'Dissectum Atropurpureum') : feuillage rouge, plus intense en automne ;
- bouleau nain (*Betula nana*) : branches noueuses, écorce grise, jaune orangé en automne ;
- bouleau pleureur (*Betula pendula* 'Youngii') : branches noueuses, port pittoresque ;
- catalpa (*Catalpa bignonioides* 'Nana') : feuilles, fleurs et fruits très décoratifs ; mellifère.

Deux espèces à floraison tardive ne manqueront pas de vous séduire :

- lilas nain (*Syringa microphylla*) : fleurs lilas en juin et remontée en septembre-octobre ;
- fuchsia (*Fuchsia magellanica*) : résiste à l'hiver sous abri, fleurs rouges de juin à octobre. Les parties aériennes gèlent souvent mais il repart après rabattage.

Les conifères décoratifs qui suivent sont également conseillés pour les bacs ou les grandes jardinières :

- pin nain (*Pinus strobus* 'Nana') ;
- mélèze japonais (*Larix kaempferi*). Il en existe aussi des variétés pleureuses.

Les arbustes botaniques

Il s'agit d'espèce qui n'ont pas été améliorées par la sélection horticole. Il en existe de nombreuses formes naines. Mais ne prélevez pas de plantes dans la nature : elles sont souvent protégées, supportent toujours difficilement la transplantation et posent des problèmes de culture. Si l'espèce n'est pas totalement protégée, vous avez le droit de recueillir des graines. Avec un peu de chance et d'adresse, vous réussirez à les cultiver *(voir p. 54).* Ces arbustes poussent alors sans problème en bacs. On les trouve difficilement dans le commerce mais les jardineries spécialisées en proposent quelques-uns. Les plus beaux sont :

- millepertuis (*Hypericum androsaemum*) ;
- genêts (*Genista tinctoria*, *Genista pilosa*) ;
- troène (*Ligustrum vulgare*) ;
- ononis (*Ononis spinosa*) ;
- rosiers sauvages (*Rosa gallica*, *Rosa villosa*) ;
- saule laineux (*Salix lanata*) ;
- boule de neige (*Viburnum opulus*).

Les baies lumineuses du callicarpa.

Millepertuis : fruits et fleurs.

Ononis spinosa.

Hamamélis aux fleurs d'araignées.

Catalpa.

Le bouleau nain ne dépasse pas 1 m de haut. Il est souvent planté dans les rocailles.

Quelques plantes pour changer

Les plantes de collection charment par leurs fleurs originales et leurs fruits souvent inhabituels. Beaucoup prennent des couleurs somptueuses en automne. Ces espèces se trouvent surtout chez les spécialistes. Elles demandent souvent des soins particuliers. Ces petites exigences seront cependant compensées par la beauté de ces plantes, qui apportent une touche d'originalité dans le décor.

Les bacs et poteries décoratifs soulignent l'éclat des arbres nains. Outre l'effet esthétique, tenez compte des points suivants pour faire votre choix :

• Dimensions : pour un arbuste nain, elles ne doivent pas être inférieures à 25 x 25 x 25 cm. Les jardinières mesureront au moins 60 cm de long et vous les choisirez aussi larges et profondes que possible.

• Poids : les récipients en terre cuite ou en pierre qui contiennent de grands arbustes peuvent s'avérer très lourds. Renseignez-vous au préalable sur les capacités de votre balcon ou de votre terrasse à supporter le poids *(voir p. 11)*. Les récipients de grande contenance sont difficiles à transporter ; certaines entreprises spécialisées peuvent se charger de la livraison et de la mise en place des grands bacs.

• Stabilité et résistance : les arbres à port élevé exigent un bac lourd et bien amarré afin que le vent ou une tempête ne les renversent pas. La pression des racines des arbres met à rude épreuve le matériau des parois. Le plastique peut éclater facilement.

• Écoulement de l'eau : les récipients ne doivent pas laisser déborder l'eau en excédent sur les façades ni mouiller les passants. Laissez en permanence une soucoupe sous le pot.

• Résistance au gel : assurez-vous avant l'achat que les bacs résistent au gel. La terre cuite est souvent gélive, mais il existe des poteries insensibles au froid.

Dans les magasins spécialisés, vous trouverez des contenants dans une large gamme de matériaux :

• *Plastique.*
Avantages : peu lourd, bon marché, non cassant, faibles variations de température à l'intérieur, peu d'évaporation.
Inconvénients : souvent peu élégant, imperméable à l'eau et à l'air, peu stable.

• *Béton.*
Avantages : bonne longévité, neutre pour les plantes, bon marché, nombreux coloris et formes.
Inconvénients : lourd, sensible aux coups.

• *Terre cuite.*
Avantages : décorative, nombreux coloris et formes, perméable à l'air et à l'eau, stable.
Inconvénients : lourde, évaporation importante par les parois, d'où un risque de dessèchement, taches de calcaire et d'engrais, chère, fragile.

• *Bois.*
Avantages : décoratif, peut être fabriqué soi-même, perméable à l'eau et à l'air.
Inconvénients : très lourd. Le lasure de protection doit être inoffensif pour les plantes.

• *Pierre reconstituée.*
Avantages : décorative, nombreuses variantes.
Inconvénients : très lourde, à peine transportable.

1. *Suspendez toujours les jardinières côté intérieur.*

2. *Jardinière en bois vissée sur la balustrade.*

3. *Jardinière en béton encastrée dans la balustrade.*

4. *Protection contre le vent pour les plantes à port dressé.*

5. *Les pots en forme de quart de cercle sont très stables.*

L'ancrage des récipients

L'installation de votre balcon ou de votre terrasse doit respecter toutes les règles de sécurité. Les contenants doivent être ancrés de façon à ne pas tomber ni se renverser, même par grand vent et fortes chutes de pluie. Utilisez de préférence du métal qui ne rouille pas pour éviter les taches.

Important : évitez le déséquilibre dans les plantations et n'oubliez pas que leur centre de gravité se déplacera avec la croissance des plantes.

Les jardinières suspendues
(illustration 1)
Il existe des porte-jardinières pour tous les types de balustrades. Ces derniers doivent être munis d'avancées de sécurité qui empêchent la jardinière de basculer.

Les jardinières de bois
(illustration 2)
Les bacs en bois sont souvent fixés directement sur le sol du balcon. Veillez à ce qu'ils ne puissent se renverser. Les supports peuvent parfois être vissés sur la caisse en bois.

Les jardinières de béton
(illustration 3)
Les terrasses sont souvent bordées de murets dans lesquels on peut encastrer les supports de jardinières. Des porte-étagères rectangulaires peuvent convenir.

La protection contre le vent
(illustration 4)
Le vent menace tout particulièrement les arbres isolés dans leur pot. On peut « enchaîner » le pot pour le fixer au mur. Ainsi, il résistera même aux fortes rafales de vent.

Les pots fantaisie
(illustration 5)
Les pots en quart de cercle sont très utiles pour décorer les angles des balcons et des terrasses. On peut les placer par deux le long du mur ou de la rambarde pour obtenir des demi-cercles. Posés au sol, ils sont très stables et ne demandent en général pas de fixation complémentaire. Quatre pots disposés en cercle forment un ensemble intéressant mais prennent beaucoup de place.

Les porte-plantes
(illustration 6)
Les pots disposés sur le sol du balcon paraissent petits, écrasés par le regard plongeant. Placez-les plutôt dans un porte-plantes adapté suspendu à la rambarde. On en trouve de nombreux modèles dans tous les magasins spécialisés jardin.

6. *Porte-plantes d'angle en fil de fer pour balustrade.*

Idées, conseils, tours de main

Arrangements originaux

Les jardineries et les pépiniéristes proposent aujourd'hui une profusion d'arbres nains et de conteneurs qui permettent de composer selon ses goûts des plantations permanentes. Vous trouverez dans les pages suivantes des idées de composition que vous pourrez enrichir au gré de votre imagination.

Ci-dessus : l'éclat lumineux des fleurs de l'hortensia. Il existe aussi des variétés rose et bleu ou blanches.
À gauche : au début du printemps, ce balcon s'habille de cytise, érable du Japon, rhododendron, viorne, cœur de Marie, campanules et gazon d'Espagne.

Jouer la carte de la couleur

On ne peut qu'être enchanté par la diversité des coloris des fleurs, des fruits, des feuilles et des écorces. Laissez-vous conseiller par la nature, vous y trouverez sans cesse de nouvelles sources d'inspiration. Mais pour éviter les effets bariolés et surchargés, planifiez soigneusement les combinaisons de couleurs.

Monochrome : une plantation toute blanche *(photo ci-contre)*, bleue, jaune ou rouge, offre un aspect très élégant, subtil et toujours harmonieux mais parfois un peu monotone.

Ton sur ton : on associe des couleurs en harmonie, comme jaune, orange et rouge ou rouge, pourpre et violet *(photo p. 32)*.

Couleurs complémentaires : par exemple lilas et jaune *(photo p. 27)*, bleu et orange ou rouge et vert. Leurs luminosités se renforcent mutuellement.

Tricolore : une association de jaune, bleu et rouge *(photo p. 7)* est très tonique, surtout au printemps.

Les couleurs expriment aussi nos sentiments :

• le blanc évoque la clarté, il illumine les autres couleurs et renforce leur éclat ;

• le jaune, couleur du soleil, donne de la chaleur, de même que les tons voisins orange et saumon ;

• le rouge a un effet excitant. Dynamique, il est aussi agressif ;

• les associations de bleu, violet et vert donnent une impression de nostalgie et de tristesse mais elles ont de la classe.

Pensez aussi au fond sur lequel se détache votre plantation. Devant du bois sombre, les couleurs claires ressortent bien ; préférez au contraire les tons vifs devant des murs blancs.

Enfin, les couleurs modifient l'impression optique des volumes :

• les couleurs vives (jaune, orange et rouge) dominent, ce qui fait paraître l'espace plus réduit ;

Cette association dominée par un Skimmia japonica *s'égaie de crocus blancs et de perce-neige. C'est une jardinière de fin d'hiver qui apprécie le soleil indirect et doit être remplie de terre de bruyère.*

• les couleurs pastel, en revanche, laissent le regard se perdre sur les détails, ce qui agrandit visuellement un petit balcon.

Combiner les plantes

Associez avant tout des arbres nains qui présentent les mêmes exigences (lumière, température, sol, eau et engrais). Des fleurs d'été annuelles pourront venir compléter votre plantation permanente, mais sachez que ces plantes sont plus gourmandes que les arbres nains et peuvent les concurrencer. Vous pouvez associer :

• Aux emplacements ensoleillés, alysse odorant (*Lobularia maritima*) blanc, rose ou lilas, lobélia bleu (*Lobelia erinus*), astéricus à fleurs jaunes (*Astericus maritimus*), verveine (*Verbena*) à fleurs blanches, roses, rouges ou violettes.

• À mi-ombre, préférez les brachycomes (*Brachycome iberidifolia*) aux fleurs blanches, bleues ou roses et l'impatience (*Impatiens* hybride) blanche, rose, rouge ou violette, ainsi que les bégonias tubéreux (*Begonia* x *tuberhybrida*).

Les vivaces, en particulier les espèces tapissantes, se prêtent également à de belles associations :

• Pour les balcons et les terrasses ensoleillés, utilisez l'aubriète (*Aubrieta deltoidea*), le phlox tapissant (*Phlox subulata*) blanc, rose, lilas, le sédum (*Sedum acris*) jaune ou les campanules bleues en coussin (*Campanula*).

• À mi-ombre, préférez la pensée (*Viola* x *hybrida*) bleue, jaune ou blanche, ou le lamier (*Lamium maculatum*) à fleurs violet-pourpre.

Certaines grimpantes peuvent aussi être cultivées en retombantes.

Enfin, les arbres en bac qui ne résistent pas au froid seront en été une heureuse compagnie pour vos plantations permanentes *(photo p. 34)*. Vous devrez les hiverner à l'abri du gel.

Tout l'éclat des couleurs complémentaires. La teinte lumineuse du forsythia nain ('Mêlée d'or') et des narcisses est renforcée par le contraste du bleu des Anemone blanda.

Les arbres nains offrent une multitude de possibilités. Cette double page vous indique les bases qu'il faut connaître pour composer des ensembles réussis. La technique de plantation est décrite page 44.

Composition en profondeur

(illustration 1)

Dans les bacs de grande taille, plantez en alternance des sujets de hauteurs différentes pour obtenir un effet de profondeur. Les espèces rampantes seront installées sur le bord, ce qui leur permettra de couvrir les parois du pot ou d'adoucir des lignes trop anguleuses. Le charme de cet exemple tient au contraste entre les feuilles et les fleurs ainsi qu'à la diversité des couleurs *(voir p. 26)*.

Récipient : bac de 80 cm de long.

Emplacement : ensoleillé.

Association : caryoptéris (*Caryopteris* x *clandonensis*) flanqué à gauche de lavande (*Lavandula officinalis*), à droite de santoline (*Santolina chamaecyparissus*) et de sauge (*Salvia officinalis*). À droite, retombant pardessus le bord du bac, un genêt (*Genista tinctoria* 'Plena').

1. *Effet de profondeur dans cette jardinière généreusement plantée. La disposition donne du rythme et de la souplesse.*

2. *Plante-phare et de sous-bois se complètent harmonieusement par la diversité de leurs ports.*

Des annuelles d'été *(voir p. 27)* viennent compléter la composition en lui apportant des touches ponctuelles de couleurs vives.

Autour d'une plante-phare

(illustration 2)

Un petit conifère domine cette composition. Des pervenches de diverses variétés forment une association charmante.

Récipient : bac de 60 cm de long.

Emplacement : ensoleillé.

Association : la plante principale est le pin de Serbie (*Picea omorika* 'Nana', à remplacer éventuellement par *Picea glauca* 'Conica') à port conique. À gauche, un genévrier rampant nain (*Juniperus procumbens* 'Nana'), au premier plan, et un cotoneaster (*Cotoneaster dammeri* 'Streib's Findling'). À droite, la potentille (*Potentilla fruticosa*) épanouit ses fleurs d'un jaune lumineux.

Conseil : pour les jardinières de balcon, choisissez des espèces qui ne dépassent pas 80 cm de hauteur.

Composition apaisante

(illustration 3)

Si vous choisissez un petit nombre d'espèces de même hauteur dans des coloris proches, votre jardinière aura un effet apaisant et très élégant. Ne placez pas les plantes symétriquement – ce serait monotone – mais plutôt en quinconce. La

3. *Couleurs et formes discrètes dégagent une impression de calme et d'élégance.*

jardinière présentée fleurit du printemps à l'hiver.
Récipient : bac de 60 cm de long.
Emplacement : ensoleillé.
Association : 4 pieds de bruyère des neiges (*Erica carnea*) et 3 pieds de genêt nain (*Cytisus procumbens*).

Autour d'un arbre sur tige
(illustration 4)
De nombreux feuillus peuvent être cultivés en tige *(voir photos pp. 36-37),* même sur de petits balcons.
Récipient : bac de 50 cm de diamètre. Si vous voulez le déplacer fréquemment, achetez des poignées ou un support avec des roulettes.
Emplacement : ensoleillé à mi-ombre.
Association : le pied du saule pleureur sur tige (*Salix caprea* 'Kilmarnock') dont les rameaux retombent avec beaucoup d'élégance est habillé de plantes couvre-sol comme la pervenche (*Vinca minor*).

À l'abri des regards
(illustration 5)
Les bacs en bois de grandes dimensions ne conviennent qu'aux terrasses. Ils sont assez stables pour accueillir une plante grimpante palissée sur un treillage, qui protégera du vent et des regards indiscrets.
Récipient : bac de 80 cm de côté.
Emplacement : ensoleillé à mi-ombre.
Association : plantez d'abord la grimpante de biais, dirigée vers le treillage que vous aurez préalablement fixé au bac. Choisissez du lierre (*Hedera helix*) ou de la vigne vierge (*Parthenocissus tricuspidata*), qui se fixeront d'eux-mêmes sur leur support. Pour habiller le bac, préférez les arbustes nains et les vivaces à croissance lente qui animeront la composition sans devenir envahissants. N'oubliez pas de prévoir une espèce tapissante couvrant un peu le bord.

Associer plusieurs contenants
Si vous désirez placer des conte-neurs côte à côte, choisissez des coloris et des matériaux proches *(voir photo p. 50),* surtout si vous diversifiez les formes (coupes, bacs et jardinières). Faute de quoi, sur un espace réduit, le tableau donnerait une impression de désordre. Mais évitez les alignements rectilignes et variez les hauteurs des plantes. Veillez aussi à ce que les couleurs des plantes ne jurent pas.

4. *Le pied du saule est habillé avec une plante à port étalé.*

5. *Une plante grimpante permet de s'isoler du balcon voisin.*

Les plantes à floraison printanière se plaisent en jardinière.

Auge de pierre plantée de différents sapins nains. La variété des silhouettes et des textures permet de composer un très joli jardin miniature, jamais lassant, même s'il reste immuable au fil des mois.

Avec ou sans végétation persistante

Les conifères et feuillus persistants sont très appréciés car ils apportent une note de couleur même en hiver. Ils semblent immuables, et pourtant eux aussi remplacent au cours de l'année leurs feuilles ou aiguilles anciennes par de nouvelles. L'eau de leurs tissus continue de s'évaporer en hiver, puisque la végétation ne s'arrête pas. Ils sont donc en danger de dessèchement dans les jardinières.

Important : en hiver, arrosez régulièrement (tous les 10 jours) la motte des arbres à feuillage persistant les jours gris et sans gel. Veillez à ne pas mouiller feuilles et aiguilles.

Miracle printanier

(photo ci-contre, en haut)
Dès avril-mai, cette jardinière d'arbustes à feuilles caduques, fleurs vivaces, bisannuelles et bulbes explose de couleurs.
Récipient : bac de bois de 60 x 20 x 20 cm.
Emplacement et sol : ensoleillé, mélange 1 *(voir p. 11).*
Plantes utilisées : à gauche et à droite, les deux cerisiers japonais nains (*Prunus serrulata*) apportent une touche de fraîcheur avec leurs fleurs rose tendre. À leur pied, on a planté : des tulipes blanc

et rouge (*Tulipa kaufmanniana* hybride 'The First'), des pensées (*Viola cornuta* hybride) panachées de violet et jaune, des myosotis bleu ciel (*Myosotis sylvatica*) et des pâquerettes rouges (*Bellis perennis*). Ces dernières doivent être renouvelées chaque automne. Tous les autres végétaux pourront rester des années dans cette jardinière si vous les soignez correctement.

Robustes et de culture facile

(photo ci-contre, en bas)
Cette lourde auge de pierre a été plantée de sapins nains persistants choisis pour leurs différents tons de vert et leurs silhouettes variées. Le poids du contenant doit faire réserver cette composition aux terrasses de plain-pied. Les parois de pierre sont imperméables mais on a creusé des trous d'écoulement. Pour éviter que l'eau ne stagne, l'auge a été placée sur des traverses de bois.
Récipient : bac de pierre de 80 x 30 x 30 cm.
Emplacement et sol : soleil à mi-ombre, mélange 1 avec 2 poignées de chaux.
Plantes utilisées : 1 sujet nain de chaque variété (*Picea abies* 'Aurea', *Picea mariana* 'Echiniformis' et *Picea orientalis* 'Aurea Compacta').

Une association sans problème

Les landes sèches et les flancs de montagne pierreux sont le pays natal des genévriers et des berbéris. Si vous savez apprécier leur aspect rugueux et piquant, ce sont des plantes idéales pour un balcon en plein soleil. Le genévrier nain et les berbéris en boule charment par leur silhouette étrange et sont persistants. Le genévrier rampant déborde harmonieusement par-dessus la jardinière.
Récipient : bac de 60 x 20 x 20 cm.
Emplacement et sol : plein soleil, mélange 1.
Plantes recommandées :
1 genévrier bleu nain (*Juniperus squamata* 'Blue Star'), 1 genévrier rampant (*Juniperus communis* 'Repanda') et 1 berbéris en boule (*Berberis buxifolia* 'Nana').

Le jeu des écailles

À l'inverse des aiguilles hérissées du pin ou du genévrier, celles du thuya ou du faux cyprès sont transformées en fines écailles imbriquées. Avec leurs tendres tons de jaune ou de vert qui prennent en hiver des teintes cuivrées, ce sont de délicieux conifères nains, parfaits en bacs et jardinières.
Récipient : bac de 60 à 80 cm de diamètre.
Emplacement et sol : soleil à mi-ombre, mélange 1.
Plantes recommandées :
1 thuya jaune en fuseau (*Thuja occidentalis* 'Rheingold'), 1 faux cyprès vert (*Chamaecyparis pisifera* 'Filifera Nana') et 1 microbiota rampant (*Microbiota decussata*).

Autres espèces persistantes à utiliser

• ***Conifères*** : faux cyprès bleu en boule (*Chamaecyparis lawsoniana* 'Elwoodii'), faux cyprès nain (*Chamaecyparis obtusa* 'Nana Gracilis'), genévrier jaune en buisson (*Juniperus chinensis* 'Old Gold'), genévrier bleu rampant (*Juniperus squamata* 'Blue Carpet'), épicéas dressés (*Picea abies* 'Echiniformis', *Picea abies* 'Nidiformis', *Picea glauca* 'Conica Laurin'), pins rampants (*Pinus mugo* ssp. *pumilio*, *Pinus pumila* 'Glauca'), if japonais nain (*Taxus cuspidata* 'Nana'), thuya en boule (*Thuja occidentalis* 'Danica').
• ***Feuillus*** : buis (*Buxus sempervirens*), cotoneaster (*Cotoneaster dammeri*), houx d'Amérique (*Ilex crenata*).

Des couleurs toute l'année

Qui n'aimerait voir fleurir son balcon de janvier à décembre ? Les arbres et arbustes nains sauront vous charmer de la fin de l'automne au début du printemps :

- les baies orangées et le feuillage rouge du fusain en automne (*Euonymus alatus*) ;
- les baies brun-rouge et les feuilles étranges du houx d'Amérique (*Ilex crenata*) ;
- la profusion en janvier des fleurs jaunes du jasmin d'hiver (*Jasminum nudiflorum*).

L'obtention d'un beau décor est moins rapide avec des arbustes que des annuelles, mais la qualité de votre plantation permanente en imposera au fil des ans avec ses couleurs et ses silhouettes originales. Il vous faut seulement un peu de patience. Les arbustes jeunes que l'on vient de planter exigent 2 à 3 ans avant de donner leur pleine floraison.

Conseil : les arrangements multicolores seront réservés aux grandes surfaces, ils sont étouffants sur les petits balcons. Préférez les associations ton sur ton ou bicolores *(voir pp. 34-35).*

Les chaudes couleurs de l'automne prennent tout leur éclat dans ce bac de bois rustique.

Les flammes de l'automne

(photo ci-dessus)

Dans la lumière dorée de l'automne, cette plantation de végétaux persistants aux baies rouges donne le meilleur d'elle-même. Les graminées bleutées soulignent les couleurs vives des arbustes.

Récipient : un demi-tonneau de 80 à 100 cm de diamètre. Pensez à traiter l'extérieur du contenant pour le protéger des intempéries.

Emplacement et sol : mi-ombre, mélange 1 *(voir p. 11).*

Plantes utilisées : cotoneaster tapissant (*Cotoneaster dammeri*), cotoneaster rampant (*Cotoneaster horizontalis*), fusain panaché (*Euonymus fortunei* 'Emerald'n Gold), fétuque bleue (*Festuca glauca*).

Jeux d'ombres colorés

Même sur une terrasse ombragée vous pouvez obtenir des couleurs toute l'année grâce aux arbustes nains.

Récipient : bac de 80 cm de diamètre.
Emplacement et sol : mi-ombre à ombre, mélange 2.
Plantes recommandées :
- 1 corylopsis,
- 1 leucothoé (*Leucothoe walteri*),
- 1 hortensia (*Hydrangea macrophylla*),
- 1 symphorine (*Symphoricarpos* x *chenaultii*),
- 3 pervenches (*Vinca minor*)
- 1 viorne (*Viburnum* x *burkwoodii*).

Plantation : les plantes à floraison printanière – corylopsis et viorne – se plantent à l'arrière-plan. Leur éclat ne sera pas terni par l'hortensia dont les pousses sortent tard. Leucothoé, symphorine et pervenche débordent par-dessus la jardinière pour en adoucir les lignes.

Calendrier des floraisons

La ronde des floraisons commence en mars-avril avec les grappes jaunes du corylopsis et les boules rose tendre, parfumées, de la viorne. En avril-mai suivent les fleurs blanc et rouge du leucothoé. La pervenche ouvre ses calices bleu clair en mai. La symphorine aux hampes roses et l'hortensia – dont il existe des variétés blanches, roses ou pourpres – suivent en juin-juillet.

À partir de septembre, la symphorine s'orne de baies rouges. En automne, les feuilles du corylopsis deviennent jaune d'or, sur le fond vert intense des feuilles de pervenche. Le leucothoé compte aussi parmi les persistants, mais ses feuilles prennent en hiver une couleur cuivre.

Autres espèces recommandées : callicarpa (*Callicarpa bodinieri*) aux fleurs lilas et rose en juillet-août et aux fruits parme à partir de septembre ; fuchsia (*Fuchsia magellanica*) ; houx d'Amérique (*Ilex crenata*) aux baies rouge sombre à partir de septembre ; laurier des montagnes (*Kalmia angustifolia* 'Rubra') aux grappes pourpre foncé en juin-juillet ; mahonia (*Mahonia aquifolium*) aux fleurs jaunes de février à avril.

Parfums d'été

Même si l'effet principal recherché sur un balcon ou une terrasse est visuel, on peut toucher les plantes, les sentir et, pourquoi pas, les goûter. Pour ceux qui aiment épices et arômes, voici un arrangement de culture facile en bleu et jaune.
Récipient : jardinière de balcon de 80 x 30 x 20 cm.
Emplacement et sol : ensoleillé, mélange 1.
Plantes recommandées : 1 caryoptéris (*Caryopteris* x *clandonensis*), 1 pérovskia (*Perovskia atriplicifolia*), 1 genêt (*Cytisus* x *kewensis*), 2 santolines (*Santolina chamaecyparissus*), 1 sauge (*Salvia officinalis*), 1 lavande (*Lavandula angustifolia*), 4 alysses corbeille d'or (*Alyssum saxatile*), 2 aubriètes (*Aubrieta* hybride), 2 sédums (*Sedum reflexum*).
Plantation : le caryoptéris prend place au milieu de la balconnière, pérovskia et genêt vers les bords. Vous garnirez les vides en disposant selon votre goût les arbustes plus petits et les vivaces.

Même par temps gris, les arbres à feuillage panaché apportent une note de lumière sur une terrasse

Andromède (Pieris 'Forest Flame'), un arbuste persistant à cultiver en terre de bruyère.

Associer les couleurs
N'hésitez pas à combiner les couleurs des aiguilles et des feuillages des arbres et arbustes nains. Les associations ton sur ton sont très décoratives, surtout si vous choisissez des dégradés de couleurs *(voir p. 26).*

Remarque : un peu de blanc ravive toutes les autres couleurs. Les végétaux au feuillage panaché (taches ou rayures) sont très utiles : certaines parties des feuilles sont dépourvues de chlorophylle et paraissent blanches, rosâtres ou jaunâtres. Les feuilles peuvent aussi être colorées de rouge, de bleu ou de violet. Les espèces panachées apprécient la mi-ombre et poussent plus lentement, elles sont donc bien adaptées aux balcons et terrasses.

Conseil : si des feuilles entièrement vertes apparaissent sur une plante panachée, supprimez les rameaux qui les portent. La forme d'origine, sans panachure et souvent plus vigoureuse, a en effet parfois tendance à resurgir.

Ton sur ton

(photo ci-contre, en haut)
Cette association d'espèces panachées et de plantes à fleurs dégage une impression de calme et d'harmonie.
Récipients : bac de pierre de 40 cm et cuve de 80 cm de diamètre.
Emplacement et sol : mi-ombre, mélange 1 *(voir p. 11).*
Plantes utilisées : dans le grand bac, 1 hibiscus saumon (*Hibiscus rosa-sinensis*), 2 plectranthus panachés (*Plectranthus coleoides* 'Marginatus'). Dans le bac plus petit, 1 sauge ornementale (*Salvia officinalis* 'Tricolor').
Ces plantes sont malheureusement sensibles au gel. Pour une plantation permanente en climat rigoureux, préférez : 1 weigelia (*Weigela florida* 'Variegata') aux feuilles bordées de blanc et aux fleurs rose intense, 2 fusains (*Euonymus fortunei* 'Emerald'n Gold') aux feuilles frangées de jaune d'or et 1 sauge (*Salvia officinalis* 'Purpurascens') au feuillage pourpre.

Rêverie pastel

Le violet et ses couleurs voisines : rose et bleu, adoucis de blanc, sont des tons pastel, parfaits pour les petits espaces. En plein soleil, vous ne profiterez de votre balcon qu'aux heures tardives. Des couleurs tendres donneront une impression de magie romantique. En outre, les plantes aromatiques comme la lavande ou le thym sont particulièrement odorantes à ces heures. Les espèces présentées ici supportent bien la sécheresse, elles sont idéales pour les personnes ayant peu de temps à consacrer à leurs plantations.
Récipients : jardinière de 60 x 20 x 20 cm.
Emplacement et sol : ensoleillé, mélange 1.
Plantes recommandées : 1 bruyère blanche (*Erica carnea*), 1 faux cyprès bleu (*Chamaecyparis pisifera* 'Boulevard'), 1 lavande lilas (*Lavandula angustifolia*) et 3 pieds de thym à fleurs roses (*Thymus doerfleri*). Plantez-les dans l'ordre indiqué en disposant les thyms au premier rang.
On peut aussi associer des plantes grimpantes telle la clématite (*Clematis alpina* ou *Clematis* hybride) et de nombreuses vivaces à développement horizontal *(voir p. 27).*
Si vous souhaitez créer des associations bicolores, préférez des couleurs contrastées ou complémentaires *(voir p. 26).* L'effet en sera vif et joyeux, sans être criard.

Des accents de lumière

Les emplacements à l'ombre ont besoin d'effets de lumière pour rester attrayants : l'association en contraste du rouge et du blanc animera les terrasses les plus sombres.
Récipient : bac de 80 cm de diamètre.
Emplacement et sol : mi-ombre à ombre, mélange 2.
Plantes recommandées : 1 andromède du Japon rouge (*Pieris japonica* 'Flaming Silver'), 1 laurier des montagnes rose (*Kalmia angustifolia* 'Rubra'), 1 houx (*Ilex aquifolium*) sur tige, 2 rhododendrons rouge et blanc (*Rhododendron* hybride), 2 skimmias (*Skimmia* x *foremanii* et *Skimmia japonica*) et 2 cornouillers rampants (*Cornus canadensis*).
Plantez le houx sur tige au milieu du bac et les espèces buissonnantes tout autour. Les cornouillers rampants combleront d'eux-mêmes les vides.

Un arbre de caractère

Dans la nature, les arbres au port élégant qui poussent en isolé attirent le regard. Vous pouvez obtenir le même effet sur votre balcon avec des arbres nains *(voir p. 29).* Plantez à leur pied des plantes qui supportent l'ombre comme la pervenche à fleurs bleues (*Vinca minor*), l'ortie (*Lamiastrum galeobdolon*) à fleurs jaunes, ou l'épimedium à fleurs également jaunes et feuillage persistant (*Epimedium pinnatum* ssp. *colchicum*).

Ode à l'automne

(photo ci-contre)

Cet étonnant cotoneaster à feuilles persistantes conduit sur tige est décoratif toute l'année. Avec ses baies rouge éclatant, il sera particulièrement somptueux en automne si vous disposez à son pied des asters et des colchiques d'automne (à planter en juillet-août).

Récipient : bac de 40 cm de diamètre.

Emplacement et sol : ensoleillé, mélange 1 *(voir p. 11).*

Plantes utilisées : 1 cotoneaster sur tige (*Cotoneaster dammeri*), 3 colchiques roses (*Colchicum* hybride) et 4 asters tapissants lilas (*Aster dumosus*).

Tendre éveil printanier

(photo p. 37)

Le vert tendre du printemps est associé ici au bleu et au jaune pâle des fleurs de forêt et de prairie. En été, ce petit mélèze est d'un vert plus soutenu ; il devient jaune d'or dans le courant de l'automne avant de perdre ses aiguilles.

Récipient : coupe de 50 cm de diamètre.

Emplacement et sol : soleil à mi-ombre, mélange 1.

Plantes utilisées : 1 mélèze nain (*Larix kaempferi*), 3 pervenches (*Vinca minor*) et 7 primevères jaunes (*Primula acaulis*).

D'autres espèces particulièrement belles dans leurs formes naines figurent à la page 20.

Association d'automne originale. L'arbuste conduit sur tige prend un port naturellement pleureur qui donne toute son originalité à la composition. La terre doit être assez légère pour le colchique.

Conduire soi-même une haute tige

De nombreuses espèces, comme le buis (*Buxus sempervirens*) sont faciles à conduire en haute tige. Voici comment procéder :

- Choisissez un sujet jeune au tronc le plus droit possible.
- Ôtez régulièrement les pousses latérales du tronc, mais pas trop à la fois, car la plante a besoin de feuilles pour ses échanges nutritifs avec l'environnement.
- Ne pincez la pousse terminale que lorsque l'arbuste a atteint la taille désirée. Cela provoque la ramification du sommet.
- Pincez ensuite régulièrement les pousses terminales de la couronne jusqu'à ce que celle-ci soit suffisamment étoffée (de 1 à 2 ans).

Aiguilles et couleurs tendres au printemps. En bac, le mélèze se comporte à terme comme un bonsaï naturel, adoptant une silhouette contournée et plus compacte, très originale.

L'art des haies

Dans la nature, les haies multicolores s'enchevêtrent avec une joyeuse exubérance. Elles exigent cependant beaucoup de place et demeurent donc le privilège des grands jardins. Mais vous pouvez recréer l'atmosphère d'une haie vive sur votre terrasse avec des arbustes nains. Vous serez ainsi protégé du vent, du soleil, du bruit et des regards indiscrets. Vous pouvez associer des arbustes d'espèces variées dans un bac suffisamment grand sur votre terrasse. Pour les petits balcons, préférez des sujets isolés dans des pots individuels. *Espèces recommandées* : berbéris persistant (*Berberis verruculosa*), callicarpa (*Callicarpa bodinieri*), buisson ardent persistant (*Pyracantha coccinea* 'Orange Glow'), corête du Japon (*Kerria japonica*), mahonia persistant (*Mahonia aquifolium*) et viorne (*Viburnum carlesii*). Plantez au pied de ces arbustes des vivaces qui aiment l'ombre.

Paysages naturels
On aimerait conserver chez soi les images des promenades dans la nature. Mieux que les photos, les paysages végétaux en jardinières sont des souvenirs vivants. Mais ne déterrez pas les plantes sauvages ! De nombreuses espèces sont protégées et ne supportent pas la transplantation au jardin. Allez plutôt dans une jardinerie avec la photo qui vous servira de modèle, vous y trouverez de l'aide pour composer votre paysage miniature avec des espèces botaniques ou des variétés horticoles. Les exemples suivants peuvent vous inspirer des idées.

Entre roc et marais
(photo page 39)
Cette composition paraît tout à fait naturelle dans son bac en pierre et restera attrayante toute l'année.
Récipient : auge de granit de 100 x 40 x 30 cm.
Emplacement et sol : mi-ombre, mélange 1 *(voir p. 11).*
Plantes utilisées : 1 pin nain (*Pinus strobus* 'Minima'), 1 pin rampant (*Pinus mugo* ssp. *pumilio*), 1 lierre (*Hedera helix*), 1 berbéris nain pourpre (*Berberis thunbergii* 'Atropurpurea Nana') et 1 graminée ornementale (*Stipa capillata*). Deux plantes qui ne supportent pas les hivers rigoureux ajoutent une note colorée intéressante : le curieux séneçon argenté (*Senecio bicolor*) et la bruyère (*Erica gracilis*).

Joyaux du bord des routes
Au cours de vos promenades, vous découvrirez de grandes beautés parmi les plantes les plus familières. Les espèces sauvages utilisées ici sont belles et robustes mais difficiles à trouver dans le commerce.
Récipient : bac de 40 cm de diamètre.
Emplacement et sol : ensoleillé, mélange 1.
Plantes recommandées :
1 rosier sauvage (*Rosa villosa*), 2 genêts (*Genista tinctoria* et *Genista pilosa*) et 1 ononis (*Ononis spinosa*).

Magie de la nature
Dans leur milieu naturel, les plantes grimpantes couvrent rochers, buissons et arbres. Elles sont aussi très belles en pots associées à des arbustes.
Récipient : bac de 40 cm de diamètre.
Emplacement et sol : ensoleillé à mi-ombre, mélange 1.
Plantes recommandées :
1 pin nain (*Pinus mugo* 'Mops'), 1 clématite des Alpes (*Clematis alpina*), à fleurs bleues, et 1 genêt lydia (*Genista lydia*).
Plantez le pin en bordure du bac, la clématite à côté pour qu'elle y prenne appui. Le genêt formera un buisson au pied de la clématite.

Important : la clématite exige le plein soleil mais son pied doit rester à l'ombre, ce qui est rendu possible par la présence du genêt.

La lande à votre porte
Les paysages de landes sont d'un charme prenant. La bruyère à feuillage persistant est de culture facile. Choisissez soigneusement les espèces et variétés afin de composer une lande qui fleurira toute l'année dans les tons les plus variés : *Calluna vulgaris, Erica tetralix*, *Erica vagans* et *Erica cinerea* pour une floraison estivale, *Erica carnea* ou *Erica* x *darleyensis* (toutes deux disponibles dans des coloris blancs) pour une floraison hivernale.

Important : les différentes espèces n'ont pas les mêmes exigences de sol. Certaines (*Calluna vulgaris, Erica tetralix, Erica vagans*) demandent un sol acide, sans calcaire. La bruyère des neiges (*Erica carnea*) supporte le sol calcaire. Vous trouverez page 29 un exemple d'association.

C'est tout un paysage de lande qui s'épanouit dans cette auge de granit.

Fleurs d'hiver
Le jasmin d'hiver est remarquable. Ses fleurs jaunes en clochettes apparaissent dès décembre ; le lierre de cette composition leur donne un cadre de feuillage persistant. Primevères et violettes fleurissent quant à elles dès le début du printemps.
Récipient : suspension de 30 cm de diamètre pourvue d'une chaîne solide et d'une bonne fixation, ou coupe de même dimension posée sur une sellette.
Emplacement et sol : ensoleillé, mélange 1.
Plantes recommandées :
1 jasmin d'hiver (*Jasminum nudiflorum*), 1 lierre panaché (*Hedera helix* 'Goldheart'). Plantez au pied de ces deux espèces des violettes vivaces de diverses couleurs (*Viola cornuta*) ou des pensées bisannuelles à grandes fleurs (*Viola* x *wittrockiana*) et des primevères (*Primula acaulis*).
Suspendez ou posez cet arrangement en bonne place devant les fenêtres de votre balcon, à l'abri du vent. En été, vous le placerez à l'ombre. N'oubliez pas d'arroser régulièrement.

Cette terrasse tout en blanc et vert est particulièrement élégante.

Le bleu froid de cet hortensia se marie à merveille avec le blanc.

De belles terrasses
D'avril à octobre, on aime se tenir sur la terrasse. Durant les mois d'hiver, il est agréable d'apercevoir cette promesse de jardin par la fenêtre.
Pour en profiter davantage, vous pouvez déplacer les bacs pas trop lourds en fonction de la saison et de leur valeur ornementale. Suivez les indications des pages 26 à 29 pour associer les couleurs des plantes et des récipients.

Symphonie en blanc
(photo ci-dessus)
Sur cette terrasse dominent le vert et le blanc. Les arbres nains en bacs s'harmonisent avec les grimpantes plantées en pleine terre, le long du mur de briques. Du buis taillé en

boule (*Buxus sempervirens*) et un lierre (*Hedera helix*) palissé sur des arceaux de fil de fer garnissent les pots.

Beauté des fleurs au soleil

Du début du printemps à l'automne, cet arrangement vous offrira un cadre changeant et plein de charme. En hiver, les rameaux dénudés du noisetier tortueux restent un plaisir pour les yeux.
Récipients : deux bacs de 50 cm et un de 40 cm de diamètre.
Emplacement et sol : ensoleillé à mi-ombre, mélange 1 *(voir p. 11)*.
Plantes recommandées : pour le premier grand bac, 1 deutzia (*Deutzia gracilis*), 1 cognassier du Japon (*Chaenomeles* hybride), 1 alysse corbeille d'or (*Alyssum saxatile*) et quelques campanules (*Campanula poscharskyana*).
Pour le deuxième grand bac, 1 noisetier tortueux (*Corylus avellana* 'Contorta'), 1 potentille (*Potentilla fruticosa* 'Red Ace'), 1 aubriète (*Aubrieta* hybride) et 1 arabis (*Arabis procurrens*).
Pour le bac plus petit, 1 fusain (*Euonymus alatus*) et 1 potentille (*Potentilla fruticosa* 'Goldteppich').
Disposez les bacs de sorte que chaque plante reste bien visible lorsqu'elle se trouve à son apogée. Vous pourrez ainsi profiter pleinement des variations saisonnières de la composition.

Un écran coloré

Les plantes aux fleurs et feuillages jaunes et rouges se gorgent pour nous des rayons du soleil. Aux jours gris, nous pouvons profiter de leur lumière. Dans cet exemple, nous avons choisi des arbres nains à fleurs jaunes, rouges et blanches, aux feuillages partiellement colorés de jaune ou de rouge et aux tons d'automne lumineux. En été, ils protègent efficacement des regards indiscrets et conviennent bien en bordure de terrasse.
Récipient : une jardinière encastrée de 150 x 80 cm et de 50 cm de profondeur. Un treillage sera implanté en son milieu.
Emplacement et sol : ensoleillé à mi-ombre, mélange 1.
Plantes recommandées : pour l'espalier, 1 vigne vierge (*Parthenocissus quinquefolia*) grimpante à vrilles. Si vous préférez *Parthenocissus tricuspidata*, vous pourrez vous passer d'espalier puisqu'elle s'accroche aux murs les plus lisses grâce à ses ventouses.
La moitié du bac recevra 1 prunellier nain (*Prunus x cistena*) ou 1 arbre à perruque pourpre (*Cotinus coggyria* 'Royal Purple'), 1 if doré (*Taxus baccata* 'Aureomarginata'), 1 genêt pourpre (*Cytisus purpureus*), 1 berbéris nain rouge (*Berberis thunbergii* 'Atropurpurea Nana') et 2 potentilles (*Potentilla fruticosa* 'Goldteppich' et *Potentilla mandshurica*).
Dans l'autre moitié du bac, plantez 1 noisetier tortueux (*Corylus avellana* 'Contorta') ou 1 hamamélis (*Hamamelis japonica*) et 1 genêt (*Genista lydia*). Ajoutez comme de l'autre côté 1 if doré, 1 berbéris nain rouge et les 2 potentilles.
Les deux arbustes les plus élevés – prunellier nain et noisetier tortueux – ne doivent pas se trouver disposés de façon symétrique mais un peu décalés l'un par rapport à l'autre. Les deux ifs se placeront à la droite et à la gauche de l'un et l'autre, en arrière-fond. Genêt et potentilles retomberont au bord pour habiller le bac.
Autres espèces possibles : érable rouge (*Acer palmatum* 'Dissectum Atropurpureum'), fusain (*Euonymus alatus*), gaulthérie (*Gaultheria procumbens*), bouleau nain (*Betula nana*) et weigelia nain (*Weigela florida* 'Purpurea').

Arroser, fertiliser, tailler

Savoir cultiver

Bien se développer en bacs ou en pots n'est pas toujours facile pour les plantes. Mais si vous savez les soigner, elles transformeront votre balcon ou votre terrasse en un véritable décor de fête. Les pages suivantes vous indiquent tout ce qu'il faut savoir pour les voir prospérer.

Ci-dessus : l'arbre à perruque prend des couleurs somptueuses avant la chute des feuilles.
À gauche : ambiance automnale avec arbustes nains persistants et fruits mûrs.

Au moment de l'achat

Avant tout achat, il est toujours utile de demander conseil à un pépiniériste. Voici quelques règles de base.

- Établissez une liste des plantes *(voir tableaux pp. 14-15 et 18-19)* qui conviendront le mieux à votre balcon ou votre terrasse.
- Choisissez un magasin qui propose un large assortiment d'arbustes nains.
- L'espèce ainsi que les conseils de culture doivent être indiqués sur l'étiquette.
- Choisissez des sujets jeunes, ils s'adaptent mieux à la vie en pot.
- Préférez les sujets vigoureux et sains. On les reconnaît à leur tronc et à leurs branches bien lignifiés. Leurs pousses sont vigoureuses, leurs feuilles ou aiguilles d'un vert frais et leur motte bien ramifiée. Vous ne devez trouver ni branche cassée, ni feuille endommagée, encore moins des parasites ou des mauvaises herbes.
- Contrôlez le support de culture. Les plantes élevées dans la tourbe pure proviennent souvent de cultures intensives et s'adaptent difficilement à de nouvelles conditions moins « artificiellement contrôlées ».

La plantation

Le printemps est la meilleure saison pour installer des arbustes nains en pots. Les conifères seront mis en place avant l'apparition des premières pousses, les feuillus en dehors de la période de floraison.
Au printemps ou en automne, on trouve des arbustes dont la motte est simplement emballée dans un tissu. Mais la plupart des pépinières et des jardineries proposent des sujets en conteneurs qui peuvent être plantés toute l'année.
Voici comment procéder :

- Veillez à ce que votre récipient dispose de trous d'évacuation de l'eau en surplus. Une jardinière de 60 cm de long doit présenter trois trous.
- Couvrez-les de tessons de poterie pour empêcher la terre de s'écouler.
- Déposez une couche de drainage et, si nécessaire, une couche d'isolement *(voir p. 46)*.
- Faites tremper les mottes desséchées avant la plantation *(voir p. 47)*.
- Emplissez le récipient de substrat *(voir p. 11)*.
- Si vous souhaitez placer un tuteur, faites-le dès la plantation afin de ne pas blesser les racines.
- Ameublissez à la main la motte tassée des plantes en conteneurs.
- Placez la plante avec sa motte et contrôlez la profondeur de plantation : les végétaux ne doivent pas être plantés plus profond qu'ils ne se trouvaient précédemment pour que les pousses inférieures ne pourrissent pas. Au besoin, ajoutez de la terre sous la motte ou creusez le substrat plus profondément afin que la plante se trouve à bonne hauteur.
- L'enveloppe de tissu qui entoure la motte sera éliminée, sauf s'il s'agit d'une matière biodégradable.
- La motte d'une plante grimpante sera orientée de biais vers le treillage ; les plantes rampantes seront placées de biais, tournées vers la bordure *(voir illustration 2 p. 46)*.
- Emplissez le récipient jusqu'à environ 2 cm du bord. Ainsi, la terre ne débordera pas si vous arrosez trop vivement.
- Veillez à ne laisser aucun vide de terre entre les mottes.
- Fixez les hautes tiges à leurs tuteurs.
- Tassez le sol et arrosez abondamment jusqu'à ce que l'eau s'écoule par les trous d'évacuation.
- Dans les jours qui suivent, arrosez suivant les besoins, mais sans excès.

Ce buis fait partie des plantes dites « topiaires », c'est-à-dire à la forme travaillée. Il doit être taillé une ou deux fois par an, pas plus.

Cette belle amphore à poches en terre cuite permet d'installer sur les côtés des plantes à port retombant. On a planté dans la grande ouverture un buis original conduit sur tige, entouré de pois de senteur parfumés. Dans les poches, les pensées poussent dans toutes les directions.

Drainer, arroser, protéger du froid : bien conduites, ces trois opérations vous permettront d'obtenir de belles plantes capables de supporter longtemps la vie en pot.

Drainage et isolation
(illustrations 1 et 2)
Très rares sont les plantes qui supportent d'avoir « les pieds dans l'eau » en permanence. Le drainage du fond du récipient est essentiel car il permet d'éliminer l'eau stagnante. Choisissez des gravillons, des tessons de poterie ou encore des billes d'argile expansée. Dans les petits bacs, une couche de 2 à 5 cm d'épaisseur suffira ; pour les récipients plus grands, prévoyez 10 cm. L'argile expansée est plus légère et est donc recommandée pour les grands bacs, déjà lourds en eux-mêmes. Le feutre non tissé empêche la terre de glisser entre les billes. Faites-le remonter sur les parois *(illustration 1).* Après la plantation, vous couperez ce qui dépasse.
L'isolation des racines s'impose dans les régions froides. Vous pouvez « emballer » vos pots à la fin de l'automne pour les protéger des rigueurs de l'hiver *(voir p. 51),* ou habiller à demeure les parois du pot avec du polystyrène expansé avant d'y placer la terre.

Arrosage
C'est le B A-BA de la culture. Respectez les six règles de base suivantes :

- Contrôlez régulièrement l'humidité de la motte en plongeant l'index à 1 cm de profondeur dans la terre. Si celle-ci colle à votre doigt, elle est encore humide et fraîche. La terre desséchée est dure, elle ne se laisse pas pénétrer facilement et ne colle pas aux doigts.
- Arrosez les plantes qui aiment la sécheresse et celles qui préfèrent l'humidité *(voir tableaux pp. 14-15 et 18-19)* en respectant leurs exigences.
- N'arrosez pas en plein soleil. Si vous intervenez le soir ou tôt le matin en été, vos plantes en tireront le meilleur profit. Au printemps et à l'automne, arrosez plutôt en milieu de journée.
- Si vous n'avez pas d'eau de pluie à votre disposition, laissez décanter l'eau avant d'arroser. L'eau du robinet est trop froide et provoque un choc. En outre, elle contient beaucoup de calcaire et du chlore.
- Arrosez à fond jusqu'à ce que l'eau commence à s'écouler par le trou d'évacuation. Un arrosage superficiel, même fréquent, met la plante en danger de dessèchement. Veillez à ce que toute la surface soit humide.
- Ne mouillez pas les feuilles et les fleurs, cela favorise l'apparition de maladies

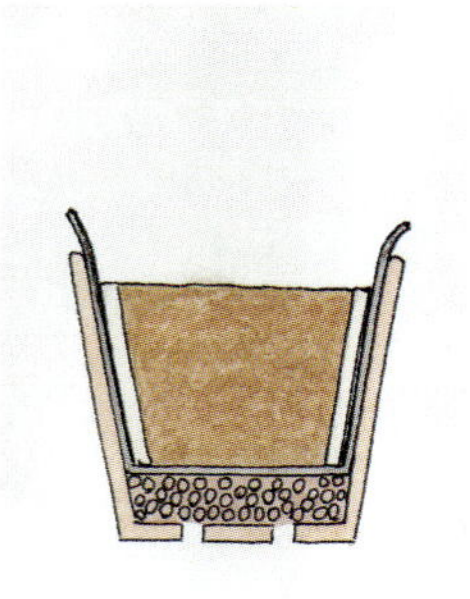

1. *Drainage et isolation avant la plantation. Coupez le feutre qui dépasse.*

2. *Drainage et isolation après la plantation. Les racines des plantes sont protégées.*

3. *L'arrosage par capillarité permet d'espacer les apport d'eau.*

4. *Les bacs à réserve d'eau couvrent les besoins d'une semaine.*

cryptogamiques (champignons) et les moisissures. En outre, en plein soleil, les gouttes d'eau agissent comme des loupes et provoquent des taches de brûlure.
Conseil : couvrez la terre entre les plantes avec un paillis d'herbes ou de feuilles pour qu'elle reste humide entre les arrosages.

En votre absence...
Les vacances posent un grave problème pour les balcons richement fleuris : même les plantes qui supportent la sécheresse ne tiendront pas plusieurs semaines sans eau. La meilleure solution est évidemment d'avoir un voisin ou un ami qui soigne vos plantes en votre absence.
L'installation d'un arrosage automatique est facile et pratique, mais voici aussi quelques solutions de dépannage.

L'arrosage par capillarité
(illustration 3)
On place les plantes sur un socle dans un récipient empli d'eau, mais au-dessus du niveau de l'eau. Suivant la taille du pot, une ou plusieurs mèches en coton alimentent par capillarité la terre du pot en eau. (Le mieux est d'insérer les mèches au moment de la plantation.) Ces mèches permettent à la plante d'absorber l'eau en dehors des périodes de gel. La provision suffit pour plusieurs jours. Le défaut de ce système est une esthétique assez contestable.

Les bacs à réserve d'eau
(illustration 4)
On trouve dans le commerce des bacs à réserve d'eau pourvus d'un double fond qui sert de réservoir. On l'emplit par un orifice latéral ou qui affleure à la surface de la terre. La réserve suffit pour une semaine en été. Une fenêtre à la base du bac ou un système de flotteur dans l'orifice d'arrosage permet de vérifier le niveau de l'eau. Des mèches ou une bande de tissu mettent la terre en contact avec l'eau. Respectez les indications du fabricant pour déterminer l'intervalle entre deux apports d'eau.

L'arrosage par immersion
(illustration 5)
Si vos pots de petite taille se sont desséchés, vous pouvez les ranimer en les plongeant totalement dans un seau empli d'eau et en les maintenant sous le niveau de l'eau jusqu'à ce qu'il ne se forme plus de bulles. Placez alors le pot dans un endroit où il pourra s'égoutter sans causer de dégâts. Les plus grosses poteries pourront être immergées aux trois quarts pendant 30 minutes. Laissez-les ensuite se ressuyer au sec avant de les remettre en place.

5. *L'immersion permet de sauver les plantes dont la motte s'est desséchée.*

La fertilisation

Les plantes ont besoin d'éléments nutritifs pour pousser, fleurir et rester saines.

- L'azote (N) est nécessaire à la croissance des feuilles et des pousses. Le manque d'azote se traduit par des feuilles petites et jaunes. L'excès d'azote rend les plantes plus sensibles aux maladies et peu florifères.
- Le phosphore (P) encourage floraison et fructification. Il aide aussi à la lignification. Sans phosphore, la plante a peu de fleurs et de fruits et des feuilles jaunes. Elle perd de sa fermeté et devient sensible aux maladies.
- La potasse (K) aide la plante à résister à l'hiver ; elle assure aussi la fermeté des tissus et la rigidité des tiges. Le manque de potasse se reconnaît à la coloration jaune-brun du bord des feuilles et à un port avachi.
- Le calcium (Ca) est nécessaire aux plantes aimant les sols calcaires. Pour les plantes calcifuges comme le rhododendron, il est en revanche nuisible.
- Le magnésium (Mg) est l'une des composantes du vert des feuilles, il est donc nécessaire aux persistants. Le manque de magnésium se remarque aux marbrures blanc jaunâtre sur les feuilles.

Outre ces éléments fondamentaux, il existe des oligo-éléments dont les plantes ont besoin en petites quantités. Dans les bons mélanges terreux, ils figurent en quantités suffisantes.

Les apports d'éléments nutritifs se font de diverses manières :

- Les engrais retard (corne torréfiée, poudre de sang séché) sont mêlés au support de culture et agissent lentement. Potasse et magnésium ne se trouvent pas en quantité suffisante dans ces engrais. Vous pouvez compenser ces carences avec des engrais organo-minéraux. Les cendres de bois contiennent de la potasse, du magnésium et des oligo-éléments. On les incorpore à la surface du sol.

Cet érable nain forme un bel ensemble avec les fleurs de printemps : l'éclat des plantes à bulbes est fugace mais permet d'animer le décor en début de saison.

• Les engrais minéraux sont nécessaires durant la période de végétation aux plantes à croissance rapide et à celles qui ont une floraison ou une fructification abondantes. Vous interromprez les fertilisations à partir de septembre afin que le bois des arbres nains puisse mûrir. Respectez bien les dosages indiqués sur l'emballage pour éviter les concentrations excessives qui provoquent des brûlures.

Important : les arbres et arbustes nains qui viennent d'être plantés ne doivent pas recevoir d'engrais minéraux avant qu'ils ne soient enracinés.

• Les engrais liquides à diluer dans l'eau sont d'une utilisation facile et nourrissent la plante immédiatement.

• Les engrais complets en granulés à dissoudre dans l'eau d'arrosage ont le même effet. Les bâtonnets d'engrais conviennent surtout aux plantes annuelles. Ils sont à éviter pour les plantations permanentes qui n'ont pas été rempotées depuis longtemps afin que les racines ne se trouvent pas au contact direct du produit.

Cotoneasters de diverses variétés dans un bac en bois. Il est facile de conduire cet arbuste sur tige (voir p. 37) et le résultat est spectaculaire.

Le rempotage

Le rempotage permet de pallier les carences nutritives. Si vos arbres sont jeunes et poussent vigoureusement, vous devrez les rempoter chaque printemps :

• ameublissez le sol sur les bords du pot et retirez la plante avec toute sa motte ;

• secouez la motte pour faire tomber la terre usée. Raccourcissez les racines longues et griffez légèrement la motte pour susciter le départ de la végétation ;

• empotez la plante *(voir p. 44)* dans de la terre fraîche. Au fil des ans, quand les végétaux deviennent trop grands, changez la terre de temps en temps. Mêlez-y du compost pur enrichi d'engrais retard.

Important : n'oubliez pas que les engrais chimiques surdosés polluent, usez-en avec parcimonie !

En hiver aussi, les plantations permanentes sont un plaisir pour les yeux.

Leucothoé sous le givre. Cet arbuste épanouit des fleurs blanches au début de l'été.

La taille

De nombreux arbres supportent la taille, mais pas tous *(voir tableaux pp. 14-15 et 18-19).* Les conifères nains ne devraient pas être taillés, à l'exception de l'if : les branches ôtées ne repoussent pas. Un genévrier rampant trop envahissant supportera cependant que l'on pince ses pousses terminales.

Taille de formation : elle est nécessaire pour la plupart des arbustes à fleurs et permet de stimuler la formation de boutons floraux. On raccourcit les branches d'un tiers de leur longueur au moment de la plantation.

Taille de rabattage : de nombreux arbustes nains à floraison estivale ont besoin d'une vigoureuse taille de rabattage, qui suscitera la formation de nouvelles fleurs (caryoptéris, hibiscus, fuchsia).

• Toutes les espèces de terre de bruyère, excepté les azalées et les rhododendrons, doivent être taillées au printemps, après la floraison, juste au-dessus du départ des pousses, pour garder leur forme compacte et fleurir abondamment.
• Les arbustes à floraison estivale, délicats et qui gèlent pour la plupart en hiver, seront rabattus au printemps à 10 cm du sol. De nouveaux rameaux, plus vigoureux et plus florifères, se formeront à la base.
• Les sous-arbrisseaux, la dryade exceptée, supportent une bonne taille de rabattage, ce qui permet de limiter leur développement. Pour les persistants comme la lavande ou l'hélianthème, veillez à ne pas rabattre jusqu'au bois nu.
• Les espèces feuillues tapissantes peuvent être taillées sans problème si elles poussent trop vigoureusement. Les pousses terminales s'enracinent facilement *(voir p. 54).*
Taille d'éclaircissement : si vous souhaitez une floraison vigoureuse, vous devez éclaircir régulièrement deutzia, potentille, lilas, forsythia et spirée. Ainsi, tous les 2 ou 3 ans, les branches les plus anciennes, reconnaissables à leur écorce plus sombre et à leur ramification plus dense, seront coupées au ras du sol. N'ôtez chaque fois qu'un petit nombre de branches afin de respecter la silhouette de l'arbuste.
Taille de mise en forme : les végétaux qui supportent la taille, comme les buis, troène, berbéris, houx, buisson ardent et if, seront remis en forme en mai-juin par une petite taille superficielle ; if et buis supportent même d'être rabattus jusqu'au vieux bois.
• En boule *(voir photo p. 40)* : fabriquez avec du fil de fer une forme circulaire ouverte vers le bas, du diamètre souhaité. Passez-la autour de l'arbuste et fichez les extrémités en terre. Au cours de la taille, vous déplacerez le cercle autour de l'arbre.
• En cône : fichez trois piquets de bambou en terre autour de la plante et liez-les ensemble à la hauteur désirée pour le sommet. Taillez tout autour.
• En spirale *(photo d'ouverture)* : enroulez une corde en spirale régulière du sommet au bas du tronc, où vous la fixerez. Vous pouvez ficher un piquet de bambou au sommet pour le renforcer. Taillez ensuite en suivant la corde.

La protection hivernale

Sur un balcon, toutes les plantes sont en danger quand l'hiver est rigoureux car leurs racines ne sont pas protégées par le sol. Dans les situations très exposées, insérez une couche d'isolation à l'intérieur du pot *(voir p. 46)* et placez le bac à l'abri du vent, si possible sur des traverses de bois.
S'il fait très froid, vous pouvez protéger les pots par l'extérieur avec du voile d'hivernage ou du polystyrène ; une légère couverture d'aiguilles de pin protège les plantes du vent et d'une évaporation trop intense sous l'effet du soleil.

Important : ne couvrez pas trop les persistants pour éviter la formation de moisissures. Les espèces fragiles *(voir tableaux pp. 14-15 et 18-19)* recevront en outre une couche de paillis d'herbe coupée, de paille, de paillette de lin ou de feuilles mortes.

Remarque : si vous apportez de l'engrais trop tard en automne, les parties jeunes de la plante risquent de geler. Sur les végétaux persistants, feuilles ou pousses brunies sont le plus souvent le fait de la sécheresse. Arrosez régulièrement vos persistants quand il ne gèle pas.

Parasites et maladies

La meilleure protection que vous puissiez offrir à vos végétaux est de leur donner l'emplacement qui leur convient et des soins de culture réguliers. Des plantes faibles dont on s'occupe mal deviennent sensibles aux maladies et aux parasites. Par ailleurs, la surveillance régulière de vos plantes au moment de l'arrosage vous permettra de détecter les premières attaques de parasites ou de maladies. Si vous intervenez rapidement, vous pourrez le plus souvent sauver la plante. Vous trouverez dans cette double page les dégâts les plus fréquents et leur traitement.

Cochenilles à carapace

Cochenilles à carapace
Dégâts apparents : feuilles collantes, finissant par tomber. Sur les tiges et les pousses, présence de petits boucliers cireux de quelques millimètres, bruns, arrondis ou en virgule, qui restent immobiles.
Plantes concernées : buis, cotoneaster, genévrier, if, hortensia, laurier-rose, mahonia...
Traitement : les cochenilles sont difficiles à combattre. Grattez les carapaces et nettoyez les plantes avec une solution de savon noir à 5 %. Isolez la plante atteinte et surveillez-la attentivement. Renouvelez le traitement à l'eau savonneuse 15 jours plus tard. Les produits anticochenilles huileux permettent de combattre les larves. Attention, ils sont très mal supportés par les plantes à feuillage persistant.

Cochenilles farineuses

Cochenilles farineuses
Dégâts apparents : croissance ralentie. Aux extrémités des pins, présence d'insectes de petite taille (environ 3 mm) couverts d'une cire blanche cotonneuse. Ils produisent un miellat collant qui attire les fourmis. Les plantes s'étiolent.
Plantes concernées : conifères, clématites, érable du Japon, laurier-rose, oranger nain.
Traitement : ces insectes aspirent la sève des plantes. Comme pour les cochenilles à carapace, grattez la couche laineuse et vaporisez la solution savonneuse. Renouvelez ce traitement en fonction de l'attaque et surveillez la plante au cours des semaines qui suivent car un seul animal oublié peut ruiner tous vos efforts.

Araignées rouges

Araignées rouges
Dégâts apparents : fines toiles, taches jaunâtres au revers des feuilles et des pousses. Les feuilles se dessèchent et tombent. Dans les toiles, présence de minuscules animaux rouges, à peine visibles.
Plantes concernées : cotoneaster, genêt, lierre, fusain, rosiers, pins, sapins nains, conifères bleus.
Traitement : les araignées rouges se multiplient en milieu chaud et sec. Douchez les plantes quand il fait soleil avec un fort jet d'eau froide. Pour prévenir les attaques, l'air et le sol doivent être tenus humides. Évitez les excès d'engrais azotés.Traitez avec un acaricide spécifique à base de dicofol.

Pucerons

Charançons

Rouille

Oïdium (blanc)

Pucerons
Dégâts apparents : sur les jeunes pousses, présence d'une profusion de petits insectes verts ou noirs. Les feuilles se rabougrissent et s'enroulent. Le miellat collant favorise l'apparition de maladies cryptogamiques (champignons) comme la fumagine (fine poussière noire).
Plantes concernées : rosiers, lierre, conifères, camélia, hortensia.
Traitement : coupez les tiges où s'agglutinent les pucerons. Traitez ensuite trois fois à 6 jours d'intervalle avec un insecticide. Si possible, utilisez en alternance deux produits contenant une matière active différente.

Charançons (Curculionidés)
Dégâts apparents : bordure des feuilles entamée et crénelée par des morsures. Des larves, ressemblant à des vers blancs, dévorent écorce, pousses et racines.
La plante se flétrit.
Plantes concernées : rhododendrons et autres feuillus (troène, lilas).
Traitement : le traitement le plus efficace consiste à renouveler la terre. Supprimez toute la terre ancienne et rempotez la plante, en évitant une trop grande concentration en tourbe. Essayez d'ôter à la main les insectes et les larves la nuit en mai-juin. Traitez avec un insecticide de contact.

Rouille
Dégâts apparents : le dessous des feuilles est parsemé de points noirs ou de pustules rousses. Le dessus se couvre de taches plus claires puis les feuilles tombent.
Plantes concernées : genêt, bruyères, mahonia, rosiers, saules, genévrier.
Traitement : il s'agit d'une maladie cryptogamique (champignon). Comme pour le blanc, il vaut mieux prévenir que guérir, mais des vaporisation précoces de fongicides l'enrayent vite. Répétez l'application tous les 7 à 8 jours trois fois de suite. Évitez la bouillie bordelaise pendant la période de végétation. Isolez la plante malade pour limiter la contagion.

Oïdium (blanc)
Dégâts apparents : dépôt blanc et poudreux sur les feuilles, les fleurs et les jeunes pousses qui se dessèchent et meurent.
Plantes concernées : clématite, bruyères, fusain, mahonia, potentille, rosiers.
Traitement : cette maladie cryptogamique (champignon) est très contagieuse. Les mesures préventives sont indispensables. Traitez trois ou quatre fois à 6 jours d'intervalle avec un fongicide spécifique contre l'oïdium. Les produits systémiques s'avèrent les plus efficaces : diffusés sur la surface des feuilles et des tiges, ils se répandent durablement dans tous les tissus de la plante.

Multiplier arbustes nains et vivaces

Pour multiplier vos plantes, vous disposez de deux moyens :

- la reproduction sexuée, par semis ;
- la reproduction végétative par division de touffes, drageons, marcottes ou boutures.

Le semis

Les sous-arbrisseaux *(voir tableau p. 18)* sont faciles à semer. Vous pouvez placer les graines en stratification dès janvier-février sur le rebord de la fenêtre avant de les mettre en terre. Certaines graines exigent une préparation. Il faut ôter la chair des baies et gratter les coques les plus dures. Le temps de germination peut ainsi être raccourci. Semez en pots ou en terrine que vous placerez à l'extérieur. Les graines de petite taille seront à peine couvertes, les plus grosses enfouies de leur épaisseur. Dès que la terre se réchauffe au printemps, la germination commence. Veillez à ce que le sol ne se dessèche pas. Quand les jeunes plants sont assez vigoureux, repiquez-les en pots. Le genêt (*Cytisus*) fait exception : ses graines doivent être conservées au sec et au frais et ne seront semées qu'au printemps suivant. Elles ne doivent pas être couvertes de terre, car elles ont besoin de lumière pour germer.

Important : n'oubliez pas d'étiqueter vos semis. Les plantules n'ont souvent que peu de ressemblance avec la plante adulte.

La reproduction végétative

Il en existe plusieurs modes :

La division de touffes est peu usitée pour les arbustes mais bien adaptée aux plantes vivaces. On divise au printemps la motte de racines en plusieurs parties dont chacune est replantée. Cette reproduction convient aussi aux buis, berbéris, bruyères, troènes, symphorines.

La reproduction par drageons est facile. De nombreux arbustes *(voir tableaux pp. 14-15 et 18-19)* développent des pousses qui partent directement du collet ou des racines et que vous pouvez détacher pour les replanter.

Le marcottage utilise les branches qui reposent sur le sol. De nombreuses espèces tapissantes forment des marcottes spontanées. On peut reproduire ainsi rhododendron, bois joli, lilas et noisetier.
Voici comment procéder :

- Courbez une branche souple jusqu'au sol.
- Entaillez la branche par en dessous, de biais, à environ 20 cm de son extrémité. Enduisez la plaie d'une hormone de bouturage.
- Maintenez l'entaille ouverte avec un petit caillou.
- Mettez la partie entaillée au contact du sol, recouvrez-la de bonne terre et placez une pierre dessus. Redressez et tuteurez l'extrémité du rameau.
- Tassez la terre et arrosez. Le sol doit être tenu humide.

Le bouturage est possible pour les arbustes nains *(voir tableaux pp. 14-15 et 18-19)*, mais il demande du doigté et de la patience.
Voici comment procéder :

- En été, prélevez des boutures terminales de 10 cm.
- Ôtez les feuilles des deux tiers inférieurs.
- Enduisez la base d'hormone de bouturage.
- Fichez en terre la bouture et arrosez. Couvrez d'un verre ou d'une feuille de plastique transparent pour maintenir l'humidité. Aérez de temps en temps. Un appui de fenêtre chaud est le meilleur emplacement. Vous saurez que la plante est enracinée quand elle se remettra à pousser. Vous pourrez alors rempoter les boutures.

Amphore à poches (pot à fraisier) garnie de skimmia fructifère et de différents lierres.

CALENDRIER D'OBSERVATION ET DE SOINS				
Mois	**Observations**	**Arrosage, engrais**	**Autres soins**	**Protection des plantes**
Janvier février	Fleurs : bruyère, hamamélis, jasmin d'hiver, noisetier tortueux Fruits : callicarpa, houx, catalpa Feuilles colorées : mahonia	Arrosez les végétaux persistants selon leurs besoins les jours sans gelées.	Protégez les arbustes du soleil et du vent.	Vérifiez la protection hivernale, allégez si nécessaire le poids de la neige sur les branches.
Mars avril	Fleurs : bruyère, mahonia, corylopsis, cognassier du Japon, bois joli Pousses : berbéris, bouleau	Arrosez prudemment les arbustes qui forment de nouvelles pousses. Rempotez ou changez une partie de la terre. Incorporez des engrais retard.	Rabattez les arbustes à floraison estivale. Pratiquez des tailles de rajeunissement et d'éclaircissement.	Vérifiez que les jeunes pousses et feuilles ne sont pas attaquées par des parasites (pucerons) et des maladies. Attendez qu'il ne gèle plus la nuit pour ôter la protection hivernale.
Mai	Fleurs : genêt, rhododendron, deutzia, boule de neige, lilas, dryade	Arrosez régulièrement par temps chaud, collectez l'eau de pluie. Incorporez du terreau frais enrichi d'engrais retard.	Taillez les arbustes à floraison printanière comme la bruyère et le forsythia.	Vérifiez régulièrement l'état sanitaire, traitez préventivement les plantes sensibles au blanc. Ôtez les protections hivernales, paillis, branches de pin et feuille de plastique.
Juin juillet	Fleurs : buddleia, berbéris, spirée, potentille, laurier des montagnes, millepertuis, weigelia, rosier, hélianthème	Arrosez quotidiennement les plantes en plein soleil. Apportez de l'engrais aux végétaux à croissance vigoureuse.	Ôtez régulièrement les feuilles fanées et jaunies.	Continuez à surveiller l'état sanitaire et poursuivez la prévention de l'oïdium, surtout pour les rosiers. En cas d'attaque de pucerons, vaporisez un insecticide.

CALENDRIER D'OBSERVATION ET DE SOINS				
Mois	**Observations**	**Arrosage, engrais**	**Autres soins**	**Protection des plantes**
Août septembre	Fleurs : bruyère, lavande, millepertuis, hortensia, sauge, rosier, potentille, caryoptéris, pérovskia Premières colorations des feuilles	Arrosez selon la température et l'exposition. Suspendez les apports d'engrais pour endurcir les plantes avant l'hiver.	Ôtez les parties fanées et les hampes à graines.	Surveillez particulièrement l'état sanitaire des plantes ; elles doivent être en forme pour passer l'hiver. L'oïdium se développe souvent à la fin de l'été.
Octobre	Fleurs : bruyère Fruits : cynorrhodons des rosiers, cotoneaster, fusain, arbre à perruque. Couleurs d'automne : sumac, arbre à perruque, bouleau (jaune), hamamélis, noisetier tortueux	Arrosez après la chute des feuilles. C'est une cure de tonus pour les plantes.	Évitez de tailler, les blessures auraient du mal à cicatriser.	Tenez prêtes branches de sapin et feuille de plastique pour la protection hivernale. Placez les bacs sur des traverses de bois dans un lieu abrité du vent.
Novembre	Fleurs : bruyère, rosier, caryoptéris, skimmia Fruits : rosiers, symphorine, boule de neige, troène, if, airelle rouge	N'arrosez que prudemment les jours ensoleillés après avoir testé du doigt l'humidité de la terre. Maintenez les persistants humides.	Observez les prévisions météorologiques, couvrez les pots en cas de gel.	Faites les derniers contrôles de l'état sanitaire des plantes. Éliminez les feuilles mortes des plantes malades.
Décembre	Fleurs : bruyère, jasmin d'hiver Fruits : houx, cotoneaster, troène, rosier sauvage, callicarpa	Arrosez les végétaux persistants selon leurs besoins les jours sans gelées.	Nettoyez les pots de la mousse qui les recouvre.	En cas de risque de gel de longue durée, complétez la protection hivernale des pots. Couvrez les bacs qui ont reçu une isolation permanente.

Les chiffres en caractères gras renvoient aux photos et aux illustrations. Les astérisques indiquent les pages où figurent une description détaillée et les conseils de culture de la plante.

Avertissement

Ce guide traite de la plantation, de la culture et de la reproduction des végétaux nains sur les balcons et terrasses. Certaines des plantes présentées sont plus ou moins vénéneuses. Sans être vraiment dangereuses, ces plantes peuvent provoquer chez les enfants et les adultes affaiblis d'importants troubles : elles sont indiquées sur les tableaux des pages 14-15 et 18-19 par une tête de mort. Veillez absolument à ce que les enfants et les animaux domestiques ne consomment pas les végétaux ainsi désignés.

Les pots, bacs, jardinières et suspensions doivent être solidement fixés. La charge du balcon – meubles et bacs – ne doit pas dépasser 250 à 300 kg par mètre carré. Si vous vous blessez en manipulant la terre, consultez immédiatement un médecin. Demandez-lui s'il juge nécessaire de vous faire une injection de sérum antitétanique.

Tous les engrais et produits phytosanitaires, même biologiques, doivent être conservés hors de portée des enfants et des animaux domestiques. Leur consommation peut être dangereuse pour la santé. Ils ne doivent pas non plus entrer en contact avec les yeux.

PETITS PRATIQUES HACHETTE

cuisine

74 titres

50 recettes "pleine forme" et tous styles, photographiées et expliquées point par point. Des conseils, des variantes et le nombre de calories, lipides, glucides et protides donnés pour chaque recette. Chaque volume : 64 p., 165 x 200 mm, 70 photos couleur, couverture brochée.
34 F.

animaux

30 titres

Bien comprendre et bien soigner son animal préféré. Chaque volume : 64 p., 165 x 200 mm, 80 photos couleur et illustrations, couverture brochée.
34 F.
La série sur les races de chiens et de chats est dirigée par le docteur Pierre Rousselet-Blanc.

jardinage

29 titres

Un choix varié de titres constituant une encyclopédie illustrée du jardin. Nombreuses photos et illustrations.Chaque volume : 64 p., 165 x 200 mm, 90 photos couleur,couverture brochée.
34 F.
Directeur de collection : Patrick Mioulane.

décoration

11 titres

Des idées hautes en couleurs pour embellir son cadre de vie.
Chaque volume : 64 p., 165 x 200 mm,
70 photos couleur,
couverture brochée.
34 F.

beauté

6 titres

Pour être belle et bien dans sa peau en toutes occasions.
Chaque volume : 64 p., 165 x 200 mm,
70 photos couleur,
couverture brochée.
34 F.

HACHETTE
Pratique

Crédits photographiques :
Borstell : pp. 40 en haut, 42-43 ; de Cuveland : p. 17 en bas, à droite ; Henseler : p. 53 au milieu à gauche, au milieu à droite et à droite ; König : p. 21 au milieu à gauche ; msg/Krieg : pp. 12 à droite, 16 à droite, 17 en haut ; Morell : p. 43 à droite ; Reinhard : pp. 3 à gauche, 13 en haut, en bas à gauche, en bas à droite, 17 en bas à gauche, 21 en haut à gauche, en haut à droite, au milieu à droite, 34 en bas, 40 en bas ; Schmidbauer : p. 3 à droite ; Silvestris/ de Cuveland : p. 25 à droite ; Silvestris/ Lochstampfer : p. 13 au milieu à droite ; Silvestris/ Riedmiller : pp. 5 à droite, 17 au milieu à droite, 34 en haut ; Silvestris/ Schwirtz : p. 21 au milieu, en bas à gauche ; Strauß : 1re de couverture, 2, 4-5, 7, 10, 12 à gauche, 16 à gauche, 24-25, 26, 27, 30, 32, 36, 37, 39, 45, 48, 49, 50, 55, 64-2e de couverture ; Zunke : pp. 52, 53 à gauche.

L'édition originale de cet ouvrage a été publiée sous l'intitulé *Zwerggehölze für Balkon und Terrasse* par Gräfe und Unzer Verlag GmbH, München.

Traduction : Marie Duval
Secrétariat d'édition : Isabelle Macé
Maquette : Béatrice Lereclus
et Delphine Dattée

Dépôt légal : 5718-04-1998
N° éditeur : 43701
ISBN : 2-0162-0773-6
62-63-0773-01-2

Impression : G. Canale & C.S.p.A., Turin (Italie).